HISTOIRE

DE

LA RÉVOLUTION

DU 4 SEPTEMBRE

ET

DE L'INSURRECTION DU 18 MARS

Saint-Amand (Cher.) — Imprimerie de DESTENAY.

HISTOIRE

DE

LA RÉVOLUTION

DU 4 SEPTEMBRE

ET DE

L'INSURRECTION DU 18 MARS

DÉPOSITIONS

DE M. THIERS

DEVANT LES COMMISSIONS

D'ENQUÊTE PARLEMENTAIRE

DU 4 SEPTEMBRE ET DU 18 MARS

PARIS

GARNIER FRÈRES, LIBRAIRES-ÉDITEURS

6, RUE DES SAINTS-PÈRES, 6,

PRÉFACE

Nous ne prétendons pas défendre les pages qu'on va lire contre les attaques qu'elles ont suscitées. L'histoire jugera ces documents ; elle leur empruntera sans doute la rare impartialité qui les inspira ; elle rendra la justice qu'il mérite au témoin sincère. Faut-il s'étonner que l'esprit de parti les ait critiquées? faut-il se plaindre que l'amour-propre blessé les ait contredites?

Nous ne prétendons pas davantage, en analysant ses dépositions, dresser à M. Thiers un piédestal dont il n'a pas besoin. A quoi bon? nous ne désarmerions pas ses ennemis ; nous n'ajouterions rien à sa gloire. Le plus bel éloge qu'on puisse faire de lui, c'est de constater qu'après deux années de pouvoir il est encore le plus attaqué et le plus discuté. Cela n'est point ordinaire, et la critique ne vient le plus souvent aux chefs du gouvernement qu'après de plus longues années. Le pouvoir met aux mains des courtisans de la popularité tant de ressources et tant d'armes ! Il leur est si aisé de séduire les uns et d'imposer silence aux autres ! Cela s'est fait tant de fois et avec tant de succès ! Ne pas le tenter ou n'y pas réussir est d'un maladroit ou d'un honnête homme. Qui accuserait M. Thiers de maladresse ? C'est donc un honnête homme. En vérité, nous nous demandons si, par cette simple parole, nous n'allons pas nous faire taxer de courtisanerie.

Un honnête homme, en effet, et nous n'en dirons pas plus : Qu'importe l'habileté ? que vaut l'expérience elle-même, sans la droiture ? à quoi servent ces qualités si vantées du politique, ruse, souplesse, éloquence, dans des circonstances terribles, à ces heures où tout semble perdu, où la moindre erreur conduit à l'abîme? Le secret de la popularité de M. Thiers en France, le secret de son autorité en Europe, sont tout dans cette simple formule : Il a vu les choses comme elles étaient, et il les a dites comme il les voyait.

Cela semble bien facile ; cela est au-dessus des forces de la plupart des hommes. Il y a des situations où le talent, le génie même, ne suffiraient pas ; où il faut avoir le courage, plus difficile qu'on ne croit, de se contenter du bon sens, s'inspirer de la vérité, si douloureuse qu'elle soit, et la dire, si dangereuse que soit la franchise.

M. Thiers a fait cela. Qu'on lise ses dépositions si on ne les a lues ; qu'on les relise si on les connaît ; on y trouvera, d'un bout à l'autre, l'expression sincère d'une pensée réfléchie, nulle passion contre les hommes, nulle colère contre les événements. La connaissance des hommes et des choses lui avait fait, non pas prédire, mais pressentir les événements. L'expérience des hommes et des choses lui a donné l'indulgence après le malheur, et aussi, à l'heure où tout paraissait perdu, la confiance qui désertait alors les cœurs les plus vaillants.

Quand la France s'est confiée à M. Thiers, elle était épuisée. Elle est venue à lui d'abord parce qu'il avait prévu le malheur ; ensuite, peut-être surtout, parce qu'il n'avait jamais désespéré. Sa confiance n'était pas aveugle ; il ne croyait pas aux élans, aux victoires fantastiques ; il avait dit aux imprudents du premier jour : Ne partez pas ! aux imprudents du lendemain : Arrêtez-vous ! Il savait que le succès était impossible ; mais il savait aussi que le jour où la France s'arrêterait dans cette voie insensée, elle retrouverait sa vitalité puissante, son ardeur laborieuse, son inépuisable crédit. Il savait cela et la France sentait qu'il avait raison, et jamais peut-être elle n'a donné une preuve plus éclatante de sa sagesse, que le jour où elle a dit à cet homme, non pas : « Sauvez-moi, » non pas : « Chassez mes ennemis ; » mais : « Conduisez-moi au port et conseillez-moi. »

Dans sa double déposition devant la commission d'enquête, M. Thiers s'affirme homme d'État plus que dans aucune autre circonstance de sa longue carrière. Il met en lumière les deux qualités qui font l'homme d'État : la prévoyance et l'action.

Les raisonneurs ne manquent pas dans notre pays. M. Thiers ne prétend point assurément avoir seul prévu nos désastres. D'autres avaient parlé ; mais où étaient-ils à l'heure de l'action? où étaient-ils quand il fallait aller dire à l'Europe, que la France entière n'avait pas péri à Sedan, ou n'était pas prise du vertige qui entraînait ses maîtres de Tours ou de Bordeaux? où étaient-ils quand il fallait aller écouter à Versailles les dures paroles du vainqueur, solliciter un armistice, entrer dans Paris assiégé, et le lendemain, apprendre de la bouche même de M. de Bismarck que quelques fous criminels avaient rendu impossible la paix si désirée, si nécessaire? où étaient-ils plus tard, quand il fallait discuter ligne à ligne un terrible traité? Ils raisonnaient encore tandis que celui-là agissait, que, plus tard, il devaient entraver dans son œuvre.

La prévoyance et l'action : ce sont là les deux qualités essentielles de l'homme d'État. Les hommes politiques, eux, se contentent le plus souvent de l'une ou de l'autre. Ils agissent sans raisonner ou ils raisonnent sans agir. On sait, hélas ! ce que cela coûte ; la France le sait !

Cette science si douloureusement acquise portera-t-elle ses fruits ? Il faut l'espérer. Tant de raison unie à une si grande énergie, toutes deux servies par cette honnêteté inaltérable, seront-elles comprises ? Il faut le croire. Les habiletés des politiques seront-elles impuissantes contre la loyale vigueur de l'homme d'État ? En douter serait désespérer de la France.

Encore une fois que tous les Français relisent ce récit de nos malheurs ; qu'ils étudient soigneusement les causes et les conséquences de tant de fautes commises ; ils comprendront qu'avant de demander, comme ils le font sans cesse, aux autres de se corriger, ils doivent se corriger eux-mêmes. Ils verront de quel poids les entraînements, les enthousiasmes irréfléchis, les méfiances folles, l'orgueil aveuglant, ont pesé dans nos désastres. Tous nous avons été coupables ; tous nous avons cru en nous-mêmes ; tous nous serions disposés à penser aujourd'hui encore que nous avons assez fait pour la France, parce que nous avons, avec quelque courage, risqué notre vie au combat.

Étudions avec soin les paroles d'un grand citoyen. Apprenons à supporter les injures et à attendre l'heure de la justice, à sacrifier notre repos, nos intérêts, notre popularité pour la patrie, à donner ce que nous avons de forces et ce qu'il nous reste de vie, pour réparer des fautes que nous n'avons pas commises, pour payer des dettes que nous n'avons pas contractées. Nous avons, en France, l'héroïsme facile; nous connaissons moins le sacrifice; étudions-le dans ces pages.

Apprenons aussi, en rapprochant les paroles de la veille des faits du lendemain, à nous tenir en défiance contre nos entraînements, nos partis pris, à écouter l'opinion des autres, à comprendre les leçons sanglantes du passé. Chacun de nous a son siége fait : les uns ne voient le salut que dans leurs doctrines radicales ; les autres que dans leurs principes monarchiques ; celui-là croit que le parlementarisme est un remède souverain ; celui-ci a le culte de la dictature et du césarisme. Après tant d'expériences tentées, et si tristement avortées, combien d'yeux se sont ouverts? combien peu d'hommes se sont dit: Peut-être nous sommes-nous trompés!

Rappelons-nous, en lisant les paroles de M. Thiers, le sage conseil qu'il a donné aux partis, et que les partis, encore troublés et hésitants à cette heure, ont alors acclamé: « L'avenir sera au plus sage. »

Ce conseil n'a-t-il pas été oublié plus d'une fois par ceux-mêmes qui prétendent le plus au monopole de la sagesse! A qui sera le prix?

« La république, a dit encore M. Thiers, sera conservatrice, ou elle ne sera pas. A Bordeaux, M. Thiers a prononcé cette autre parole: « La république est le gouvernement qui nous divise le moins. »

Ces trois paroles ont été souvent citées, diversement interprétées. On a mis en doute qu'elles fussent sincères; on a prétendu qu'elles étaient des paroles de circonstance, de ces mots qui sont comme le prix d'une haute situation acquise. Elles nous remettent en mémoire un grand et douloureux souvenir, une anecdote connue seulement de quelques hommes ; nous la tenons d'un de ceux qui assistaient à la scène qu'on va lire.

Le 31 octobre 1870, M. Thiers, arrivé la veille au ministère des affaires étrangères, passa quelques instants de la matinée dans cette maison de la place Saint-Georges, que la pioche stupide de la Commune devait démolir plus tard, que la reconnaissance de la France sauvée reconstruit à cette heure.

Il y avait là quelques amis, cinq ou six, d'âges différents, d'opinions diverses. M. Thiers leur parlait de la France, dont ces hommes étaient séparés depuis six semaines. Il leur disait les tristesses et aussi les consolations, les méfiances et les sympathies de l'Europe, les colères et les hésitations de l'ennemi. Tous pleuraient ; parmi eux se trouvaient de vieilles moustaches grises, des politiques blasés : n'importe, tous pleuraient. Lui aussi, pleurait en parlant, et sa voix hésitait parfois. Mais, tout à coup, sa parole reprit cet accent vibrant et pénétrant qu'on connaît ; il redressa la tête et il dit : « La France se relèvera ; la France peut se relever ; mais il ne faut plus de partis ; il ne faut plus songer à soi ; il n'y a que l'effort de tous, il n'y a que la république qui puisse sauver la France. »

Quand plus tard, M. Thiers a dit : « La république est le gouvernement qui nous divise le moins, » il répétait pour le pays tout entier ce qu'il avait dit, à l'heure la plus triste de notre histoire, dans une petite chambre de son hôtel, devant quelques amis réunis.

Certes, à cette heure, il n'avait pas préparé ses paroles, il ne pensait pas qu'elles pussent être répétées. Qui de ces hommes savait où il serait le lendemain ? Lui-même pouvait, en quittant Paris, tomber sous une balle de tirailleur, sous un obus prussien ou français ; elles empruntaient une grandeur saisissante aux circonstances ; elles étaient comme une voix de la France venant parler à Paris désolé de l'avenir et du réveil.

« Je n'oublierai jamais ces paroles, » nous disait celui qui nous a raconté ce trait ignoré de l'histoire contemporaine. Puissent ceux qui liront la déposition de M. Thiers se rappeler aussi les graves enseignements qu'elle contient le jour où, citoyens, ils pourraient par leur vote engager les destinées de la France ; gouvernants, assurer ou compromettre par leurs actes l'avenir de la patrie !

DÉPOSITIONS

DE

M. THIERS

ENQUÊTE PARLEMENTAIRE SUR LE 4 SEPTEMBRE

(Séance du 17 septembre 1871.)

Le Président de la République est introduit.

M. LE PRÉSIDENT SAINT-MARC GIRARDIN. — Monsieur le Président, la commission désire connaître ce que vous savez sur le 4 septembre d'abord, puis les détails de la mission patriotique que vous avez bien voulu remplir pendant le mois de septembre, ainsi que l'état des négociations que vous étiez en train de conduire au moment où est arrivé le 31 octobre, et enfin la situation que vous avez eue tant à Tours qu'à Bordeaux.

M. THIERS, PRÉSIDENT DE LA RÉPUBLIQUE. — Si vous me permettez, je commencerai par le commencement ; ce sera la meilleure manière de vous faire connaître ma situation et mes actes avant, pendant et après le 4 septembre, et pour cela il faut que je vous dise quelques mots sur le rôle que j'ai joué dans les derniers temps de l'empire.

J'étais rentré dans mes études préférées ; je jouissais de ma liberté, et je venais de publier les derniers volumes de mon *Histoire du Consulat et de l'Empire* lorsque furent ordonnées les élections de 1863.

Jusque-là le parti libéral s'était abstenu. Mais peu à peu on commença à penser que l'abstention était une mauvaise politique, et, en général, une conduite peu justifiable, car lorsque des citoyens, à la fois sincères et constants dans leurs opinions, peuvent faire quelque chose pour le succès de ces opinions, ils ont le droit et le devoir de le faire.

On me demandait de toutes parts si je me présenterais aux élections de 1863, et les uns me conseillaient, les autres au contraire me déconseillaient de me porter candidat.

Dans tous les partis et à toutes les époques il y a eu des abstentionnistes ; 1863 fut la défaite des abstentionnistes libéraux sous l'empire.

Il y eut à cette occasion, chez M. le duc de Broglie, l'illustre père du duc de Broglie actuel, une réunion qui fit beaucoup de bruit, et qui fut indignement travestie par les écrivains de l'empire, réunion dont je fis partie, et dont j'ai toujours cherché à rétablir le sens, mais en vain, car lorsque les partis ont intérêt à dénaturer un fait, ils n'y négligent rien, et s'y appliquent avec une persévérance infatigable.

Je ne sais pas si vous, monsieur Saint-Marc Girardin, vous ne faisiez point partie de cette réunion?

M. LE PRÉSIDENT. — Non, monsieur le Président, je n'en faisais point partie.

M. THIERS, PRÉSIDENT DE LA RÉPUBLIQUE. — Toutes les opinions étaient représentées dans cette réunion. Il s'y trouvait M. le duc de Broglie d'abord, puis M. de Montalembert et plusieurs de ses amis, quelques républicains d'ancienne date, M. Jules Simon notamment, et beaucoup de libéraux constitutionnels, partisans d'un monarchie fortement libérale; ces derniers représentés spécialement par M. Lanjuinais. Il s'y trouvait encore M. Guizot, M. Glais-Bizoin lui-même, qui était comme toujours fort actif.

Dans ce moment, il s'était opéré un rapprochement entre toutes les opinions, et les personnages si divers que je viens d'énumérer avaient pu se trouver ensemble sans aucune inconvenance. Je ne sais si M. le comte Daru n'en faisait pas lui-même partie.

M. LE COMTE DARU. — Oui, monsieur.

M. THIERS, PRÉSIDENT DE LA RÉPUBLIQUE. — On discuta longuement la question de savoir s'il fallait se présenter aux élections. J'étais, quant à moi, tout à fait prononcé contre l'abstention, mais en appliquant ce principe de conduite à d'autres, j'avais grande répugnance à me l'appliquer à moi-même. Toute ma famille désirait que je ne rentrasse pas dans la vie politique. J'avais déjà refusé d'y rentrer à l'époque de la guerre d'Italie. A cette époque, la ville de Lille, où moi et les miens nous avions résidé longtemps, me pressa instamment d'accepter la députation, et je refusai, n'ayant pas goût de prêter serment à l'empire. L'empereur était en ce moment en Italie, et je n'aurais voulu ni le combattre ni l'appuyer dans une guerre que, du reste, je désapprouvais.

On avait envoyé le préfet du Nord pour m'annoncer que, si je voulais me présenter, le gouvernement appuierait ma candidature. Je lui répondis que je le remerciais, que je ne voulais pas rentrer au Corps législatif, et que, si j'y rentrais, je ne pourrais pas loyalement accepter l'appui du gouvernement.

Je vous donne ces détails pour vous faire comprendre mes dispositions à cette époque. Je ne voulais sacrifier ni mon repos, ni surtout mes études, à la fois scientifiques et philosophiques.

La réunion dont je parle, après avoir traité la question de principe, s'occupa de la question de personnes. On disait : « M. Thiers est celui qui, en ce moment, a le plus de chances d'être élu ; il faut donc qu'il se présente, » et l'on décida à 29 voix sur 30 que je devais accepter les candidatures qui me seraient offertes.

Une formalité qui était la condition nécessaire de

toute candidature m'était particulièrement désagréable, c'était le serment. Je sais bien que les partis politiques n'y attachent pas grande importance. Pour moi, je n'avais prêté qu'un serment, c'était au roi Louis-Philippe, je l'avais observé loyalement, et j'aurais voulu m'y tenir. « Il ne faut pas vous abuser, disais-je à ceux qui m'écoutaient ; si j'entre dans le Corps législatif, ce ne sera pas pour y demander la liberté absolue, mais les libertés indispensables, celles que j'ai appelées, depuis, les libertés nécessaires.

« Or si l'empire nous les accorde, comme en tout il faut être sincère, je les accepterai de sa main, parce que le serment nous engage non pas à aimer, mais à ne pas chercher à renverser. » De sorte que j'étais parfaitement décidé, si l'empire nous accordait les libertés que je lui demanderais, non pas à aller étaler aux Tuileries un habit brodé de ministre, mais à prendre part dans le sein du Corps législatif aux affaires du pays, sans faire d'opposition au gouvernement.

Tout le monde me répondit que j'avais raison, et qu'il fallait entrer au Corps législatif pour réclamer et obtenir, s'il était possible, les libertés du pays, et s'en contenter lorsqu'on les aurait obtenues.

Toutefois, je ne pris pas pour le moment l'engagement d'entrer au Corps législatif, et je me réservai ma liberté. Je fus assez longtemps à me décider, et je fis même manquer en plusieurs endroits mon élection en m'obstinant à refuser la candidature.

Ce fut aux élections de Paris que d'anciens électeurs de M. Casimir Perier se réunirent au nombre de 300, et m'envoyèrent une députation pour m'offrir la candidature parisienne. Le quartier qu'ils représentaient était l'un des plus importants de la capitale : c'était celui de la Madeleine, qui contenait les plus riches propriétaires de Paris. On m'envoya plusieurs d'entre eux, notamment M. Odiot, l'habile orfèvre. Ces messieurs vinrent m'offrir la députation, que je refusai d'abord. « Nous vous nommerons, me dirent-ils ; vous accepterez ou vous n'accepterez pas, comme il vous plaira. Mais nous voulons être représentés par quelqu'un de notre nuance, par quelqu'un qui appartienne au libéralisme conservateur. Si après avoir été élu vous refusez, on dira que vous préférez votre repos au service du pays, mais nous aurons indiqué, par notre choix, nos opinions véritables. »

J'acceptai, quand je vis cela, craignant d'être battu, si j'étais porté sans mon assentiment et sans mon concours. Je fus alors porté en divers endroits, spécialement à Valenciennes, où le gouvernement tint à mon égard une conduite que je ne retracerai pas, mais qui était fort peu régulière.

Élu à Paris, j'entrai au Corps législatif. J'y demandai ce que j'ai appelé depuis les libertés nécessaires.

Je dis avec une parfaite sincérité que, si ces libertés nous étaient accordées, je les accepterais loyalement. L'empire commença à nous en accorder quelques-unes, mais mal, en laissant douter de sa sincérité, et en perdant ainsi le bénéfice des concessions qu'il faisait.

Beaucoup de mes collègues de la gauche étaient convaincus qu'on n'obtiendrait rien de sérieux, et se refusaient à tout rapprochement qui, suivant eux, les compromettrait sans servir la cause libérale. C'était là une manière de penser très soutenable, et que je n'étais pas loin de partager. Cependant j'y faisais quelques objections. « Le prince que nous avons, disais-je, n'est pas fait comme les autres princes que nous avons connus. Il est obstiné sans doute, mais il tient à sa couronne, et je ne le crois pas incapable de céder. S'il cède, comme le disait M. le duc de Broglie, qui donnait souvent à des opinions profondes une forme originale, « nous ferons l'économie « d'une révolution. »

Quoique l'empereur Napoléon III ne fût pas colère de sa nature, il s'irrita fortement lorsqu'il vit renaître cette opposition qu'il avait crue morte à jamais.

Il nous envoya au Corps législatif M. Rouher lire le discours impérial qu'il venait de prononcer aux Tuileries, à l'occasion de je ne me rappelle plus quelle cérémonie, et dans lequel, faisant allusion aux nouveaux opposants, il s'écriait : « Les insensés ! »

L'étonnement du Corps législatif fut extrême en entendant cette citation si peu séante. Cette Assemblée a été très mal jugée. Elle était très honnête, très sensée, et, quand je lui parlais, j'apercevais le plus souvent son assentiment dans ses regards. On y criait souvent, mais c'était une trentaine de tapageurs qui criaient et qui étaient plus bruyants que nombreux.

Quant à moi, j'ai vu peu d'Assemblée qui fût plus près de mes opinions ; mais elle était timide, elle craignait d'ébranler le pouvoir en écoutant l'opposition, même la plus modérée, et on peut dire que c'est par peur des révolutions qu'elle s'est jetée dans une révolution.

Voici un fait particulier qui vous donnera une idée des dispositions véritables de ce Corps législatif du second empire. On votait sur l'achèvement des Tuileries, et je votais contre, effrayé des dépenses extraordinaires et précipitées qui s'exécutaient dans Paris. « Pourquoi votez-vous contre ? me dit un député, homme d'esprit, avec lequel j'avais de fréquents entretiens ; vous votez peut-être contre le comte de Paris. — Je n'y pense pas, répondis-je ; habitera les Tuileries qui pourra, pour le moment je pense au budget. — Quant à moi, reprit mon interlocuteur, je ne m'inquiète pas plus que vous de savoir quel sera l'habitant des Tuileries. Ce qu'il me faut, c'est qu'il y ait un locataire dans la maison. »

Cette réponse était l'exacte signification de la majorité du Corps législatif. Cinquante dynastiques de la famille Bonaparte, cinquante républicains ou constitutionnels, et deux cents conservateurs troublés, inquiets, ne sachant quel parti prendre, tel était, au vrai, le Corps législatif du second empire.

Je citerai un dernier fait qui rendra plus frappante encore la vérité du tableau que je viens de tracer.

Il s'agissait de l'entreprise du Mexique. Je pris la parole, comme tout le monde le sait, contre cette déplorable aventure. Je n'avais pas d'abord beaucoup de gens de mon avis. J'en eus bientôt et de nombreux, et quant au Corps législatif lui-même, il était plein d'appréhensions. « Vous allez attaquer cette entreprise, me disaient beaucoup de députés de la majorité, vous avez raison ; mais faites-le avec modération ; surtout n'attaquez pas l'empereur ; n'attaquez que la chose, car elle est bien dangereuse, et nous serons bien heureux si vous parvenez à l'empêcher. »

Je n'avais pas besoin de ce conseil, car j'ai toujours, en tout temps, respecté l'autorité établie. Mais pas un de ceux qui auraient désiré que l'expédition fût empêchée n'osa voter avec moi, toujours par cette peur incessante de provoquer une nouvelle révolution.

Un homme excellent, des plus sages et des plus attachants que j'aie connus, M. Larrabure, me disait : « Si vous suivez mon conseil, nous ferons tout ce que vous voudrez. Venez un jour avec nous aux Tuileries, on ne craindra plus que vous cherchiez à renverser l'empire, et cette Assemblée vous suivra tout entière. — Je me déconsidérerais inutilement, répondis-je à mon ami M. Larrabure ; je n'obtiendrais pas les libertés que je réclame, et on ne verrait en moi qu'un ambitieux qui a sacrifié ses convictions à une ambition imprudente. »

Cette conversation entre M. Larrabure et moi se reproduisit bien des fois. La fatalité qui a perdu trois dynasties dans notre demi-siècle a tour à tour donné raison à lui et à moi, et aujourd'hui encore, cet homme désintéressé, indépendant, des meilleurs que j'aie connus, déplore,dans la retraite d'où on n'a pu le faire sortir, des malheurs qu'il n'a pu empêcher, et dont il ne peut se consoler.

Quand arriva l'affaire de Sadowa, tout le monde me soutint. Rarement on a vu une Assemblée applaudir un orateur comme je fus applaudi ce jour-là, et l'on disait à ces députés qui n'avaient pu retenir leur approbation :

« Comment ! à la face de l'empereur, vous osez applaudir M. Thiers ! »

Je demandai la parole quatre jours après. C'était le moment décisif ; c'est là que commença le système d'interruption des *couteaux de bois*. Jamais on n'a fait un vacarme plus affreux ; on parvint à me fermer la bouche et on laissa passer, sans l'arrêter, le torrent de fautes qui nous a conduits à Metz et à Sedan.

Les membres du Corps législatif ont toujours été, jusqu'au dernier jour, tels que je vous les représente, n'osant empêcher, de peur de l'aggraver, le mal qu'ils voyaient bien.

Ils désiraient que la vérité arrivât au pouvoir, à condition de la laisser dire par d'autres, sans même oser l'appuyer de leurs votes ; honnêtes gens, en un mot, et même très sensés, mais troublés, éperdus, décontenancés, et jusqu'au dernier jour faisant trop tard ce qui aurait pu les sauver et, avec eux, le pays.

Arriva enfin le ministère du 2 janvier. Nous savions que l'empereur répugnait beaucoup à l'avénement de ce nouveau ministère. Il est connu qu'il y résista d'abord. On a assuré que le prince de La Tour-d'Auvergne, homme honnête et indépendant, lui conseilla de mettre un terme à une résistance devenue dangereuse, et qu'il fut écouté. Le ministère Ollivier vint au jour. Je dis tout de suite à la gauche : « Il faut appuyer le ministère Ollivier. » — La gauche n'était pas favorable à cet homme politique. Moi-même, je n'avais pas très grande confiance dans la sûreté de son esprit, tout en appréciant en lui des qualités brillantes et de bonnes intentions. Je dis à mes amis : « Il faut appuyer ce ministère ; il n'est pas de votre opinion, ni de la mienne, mais l'empereur fait un pas considérable en choisissant un ministère dans le sein de l'opposition. Quant à moi, j'ai demandé les libertés compatibles avec la monarchie, il fait un pas et des plus difficiles dans ce sens, celui d'accepter un ministère qui lui déplaît ; il faut encourager et récompenser un pareil sacrifice. »

Je ne fus pas approuvé dans l'opposition. On s'écria : « Non ! non ! Ce n'est pas sérieux, c'est une tentative qui n'aboutira pas ; il ne faut pas nous compromettre. » Je répliquai : « Il n'est pas nécessaire d'avoir une certitude de succès pour accueillir une tentative faite dans notre sens. Si elle réussit, nous aurons sauvé le pays ; si elle échoue, on ne pourra pas nous reprocher d'être intraitables, et de demander des choses dont au fond nous ne voulons pas. Il s'agit, non point d'accepter des portefeuilles, mais de ne pas repousser un ministère qui fait des pas vers nous. »

Pendant ce court ministère, l'opposition fut plusieurs fois divisée. Quant à moi, jusqu'au plébiscite, je prêtai secours au ministère du 2 janvier. Bientôt, malheureusement, arriva la funeste occasion qui nous faisait une loi de rompre avec lui, et de rompre avec l'empire lui-même, car il s'agissait du sort du pays, que ce ministère a perdu par la plus imprudente conduite qui fut jamais.

Vint en effet la candidature du prince de Hohenzollern. M. Ollivier était porté pour la paix ; l'empereur lui-même y inclinait. Il avait — je n'ai pas eu l'occasion de l'approcher à cette époque — il avait, disait-on, beaucoup perdu de sa volonté. En général, il était incertain dans ses vues, et ne se décidait qu'après beaucoup d'hésitations.

Cette disposition était devenue beaucoup plus prononcée que jamais. Pourtant sa préférence et celle du ministère étaient pour la paix. Malheureusement, il y avait à la cour — de nombreux témoins oculaires l'ont affirmé — il y avait à la cour des personnes ardentes qui ne voulaient pas qu'on restât sous le coup de Sadowa. L'impératrice, à ce qu'on assurait, répétait souvent, en parlant de son fils : « Cet enfant ne régnera pas si l'on ne répare pas le malheur de Sadowa. » Autour d'elle se trouvaient des gens qui, par complaisance ou par conviction, le répétaient avec une sorte de forfanterie. Dans le sein du Corps législatif, les purs bonapartistes, ceux qui tenaient plus au sort de la dynastie qu'à celui du pays, demandaient avec violence qu'on saisît cette occasion pour faire la guerre. Les conservateurs purs, au contraire, étaient consternés, et, au milieu de leur désolation, se prononçaient pour la paix.

Ce qui est certain, c'est que les bonapartistes purs voulaient seuls la guerre, s'apercevant que depuis Sadowa la dynastie avait immensément perdu, et qu'eux-mêmes n'avaient plus dans leurs colléges électoraux la même influence ; qu'en un mot, la

France était près de leur échapper. Aussi les entendait-on tous répéter sans cesse qu'il fallait saisir la première occasion de réparer Sadowa.

C'est à cela que j'avais déjà répondu en 1867, en disant qu'*il n'y avait plus une seule faute à commettre*, mot fort souvent répété, et toujours mal compris. Je n'avais pas voulu dire en effet que toutes les fautes possibles avaient été commises, car il en restait une, hélas ! bien désastreuse à commettre. C'était celle de vouloir réparer Sadowa sans en avoir préparé les moyens. Oh ! celle-là, je l'avais signalée avec la plus extrême précision en 1867, en discutant l'adresse.

Dans le cabinet était entré M. de Gramont, que je supposais partisan de la paix, car il ne me semblait pas possible qu'un diplomate pût se prononcer pour la guerre dans un moment semblable, c'est-à-dire sans alliés et sans armée.

Je l'avais vu quelques jours avant la formation du cabinet Ollivier, dans un moment où il cherchait à rencontrer les députés influents et à une époque, du reste, où personne ne prévoyait le malheureux incident de la candidature Hohenzollern.

« Vous venez d'un pays (il arrivait de Vienne), lui avais-je dit, où l'on veut la paix, et sans doute vous la soutiendrez, si jamais elle était menacée ?

— Oui, oui, » m'avait-il répondu avec une résolution dont la sincérité ne me semblait pas douteuse ;

et je me suis toujours demandé depuis comment il avait pu changer si complétement et si vite, car, à Vienne, MM. de Beust et Andrassy m'ont déclaré, à moi, de la manière la plus positive, que sans prévoir la candidature Hohenzollern, ils avaient dit à M. de Gramont, d'une manière générale, qu'il ne fallait laisser au gouvernement impérial aucune illusion et le bien convaincre, au contraire, que, s'il s'engageait dans la guerre, l'Autriche ne l'y suivrait pas.

Je ne sais donc ce qui avait pu convertir aussi vite M. de Gramont à l'opinion qui voulait la guerre. Même conversion et aussi subite s'était opérée chez M. le maréchal Lebœuf. Je ne le connaissais point. Quelque temps avant cette malheureuse affaire Hohenzollern, il vint chez moi avec une lettre de l'empereur, me disant que l'empereur savait *que je n'étais pas de ses amis*, mais qu'il savait aussi que lorsqu'il s'agissait des intérêts de l'armée je ne marchandais jamais mon secours, et qu'il me le demandait pour la défense de l'effectif, fort menacé dans le sein du Corps législatif. — Je lui répondis que l'empereur se trompait en s'exprimant comme il le faisait.

« Je suis étranger à son gouvernement, avais-je dit au maréchal, et je suis destiné à l'être toute ma vie ; mais je ne suis l'ennemi de personne ; jamais je n'ai eu de haine dans le cœur. L'empereur a raison de croire que je m'intéresse ardemment à l'armée et que je suis prêt à la défendre. C'est ce que j'ai fait et ce que je ferai toujours. » En effet, nous convînmes que je défendrais l'effectif à la première occasion. Cette occasion se présenta bientôt, en effet, et je la saisis sans hésiter.

Un jour, j'arrivai tard au Corps législatif : il était plus de cinq heures ; on était occupé à discuter l'effectif. Je demandai sur-le-champ la parole, ce qui causa un vif déplaisir à mes collègues de la gauche. Mais ils étaient si habitués à me voir suivre toujours mon sentiment personnel qu'il y eut dans leur mécontentement plus de déplaisir que de surprise. Je me jetai au milieu de cette mêlée, et je rompis en visière à tous ceux qui voulaient réduire le contingent annuel de l'armée. Je relevai l'erreur de ceux qui se plaignaient toujours qu'on eût 400,000 hommes pour n'en rien faire, et qui appelaient cet état « la paix armée. » — « La paix armée, m'écriai-je ! dites au contraire que c'est la *paix désarmée.* » M'adressant ensuite au maréchal Lebœuf lui-même, je me plaignis de l'état de dénûment dans lequel nous nous trouvions. « Quoi ! lui dis-je, vos régiments d'infanterie sont à onze ou douze cents hommes ! Est-ce qu'il y a des régiments à cette condition, même en temps de paix ? » Le maréchal ne le nia pas. « C'est vrai, et M. Thiers a raison, répondit-il de sa place. Les effectifs de l'infanterie sont d'environ 1,200 hommes. »

Je vous cite ce fait, messieurs, pour vous faire

voir ce qu'il y avait d'imprévoyance et ce qu'il y eut de déplorable étourderie dans la déclaration de la guerre. Quelques jours après, en effet, le même maréchal Lebœuf, fort brave militaire du reste, mais politique peu avisé, entraîné par la cour qui, elle-même, l'était par le parti bonapartiste, se croyait prêt, le disait, le persuadait à l'empereur lui-même, et avec son collègue M. de Gramont, bien plus coupable encore, précipitait la dynastie et, ce qui était mille et mille fois plus déplorable, la France elle-même dans un abîme.

Tout à coup se produisirent des faits qui ne me sont pas personnels, mais que je connais aussi exactement que si je les avais vus de mes propres yeux, car j'en ai vu quelques-uns et je tiens les autres des plus grands personnages de l'Europe, princes ou ministres, qui me les ont racontés depuis, cherchant à s'éclairer de ce que je savais, et m'éclairant de ce qu'ils savaient eux-mêmes.

Le chef de la famille de Hohenzollern (je veux parler non de la branche qui règne en Prusse, mais de celle qui règne en Roumanie, et a, pour notre malheur, cherché à régner en Espagne), le chef de cette famille passe pour un prince riche, capable en affaires, aimant à pourvoir ses enfants de grosses fortunes et de belles couronnes. La couronne qu'on lui offrit, cette fois, était celle de l'Espagne, vacante par la chute des Bourbons, et que le général Prim cherchait en vain à faire accepter à l'un des princes de l'Europe.

Il y avait alors beaucoup d'humeur à Madrid contre le gouvernement français, lequel avait mis le *veto* sur la famille d'Orléans, qui était la plus naturellement située pour remplacer la reine Isabelle. Le général Prim, se voyant privé par les Bonaparte d'un choix qui lui eût été si commode, s'en vengea en leur suscitant dans la péninsule une candidature allemande. Tout le monde, à cette époque, s'était demandé pourquoi le général Prim repoussait le choix si facile du duc de Montpensier, et le motif vrai, c'était l'interdiction prononcée à Paris par le chef de la dynastie impériale.

Ainsi nous avons dû à la maison Bonaparte, non-seulement une guerre désastreuse, mais nous lui avons dû aussi le motif de cette guerre, car en refusant pour un intérêt dynastique la candidature Montpensier, elle avait fait surgir, sans s'en douter, la candidature Hohenzollern.

Le père du jeune prince destiné un moment au trône d'Espagne s'adressa à son chef naturel, le roi de Prusse, devenu, par suite de ces événements prodigieux, empereur d'Allemagne, et lui demanda conseil sur l'offre de la couronne d'Espagne ; à quoi le roi de Prusse fit une réponse assez peu significative, lui laissant la liberté d'accepter ou de refuser, sans lui garantir surtout la conséquence de sa résolution.

Cette nouvelle se répandit comme un coup de foudre qui alla bientôt réveiller les échos du monde entier. La cour des Tuileries en fut consternée et révoltée tout à la fois. « La voilà, s'écrièrent les complaisants, cette occasion si indiquée, si désirée, de venger Sadowa ! La Prusse se met dans son tort, et la France, sans aucun doute, prendra feu pour un intérêt si visible et si national. » Ces messieurs ne se demandèrent point si on était prêt, si l'occasion de réparer Sadowa était aussi bonne qu'ils le supposaient, s'il n'y avait pas un moyen plus sûr, moins dangereux, de réparer Sadowa, en faisant reculer la Prusse à la face de l'Europe, ce qui certes eût été tout aussi brillant et moins périlleux. Mais aussi promptement décidé que s'il avait été prêt, le gouvernement ne songea qu'à faire reculer la Prusse l'épée dans les reins.

Il débuta par une démarche inqualifiable. Il somma sur-le-champ la Prusse de renoncer à la candidature Hohenzollern, presque sans explication préalable, absolument comme on jette son gant à la figure d'un homme qu'on veut forcer à un duel. Rien n'était plus fou qu'une telle manière de procéder, eût-on été aussi préparé qu'on l'était peu. Encore aurait-il fallu mettre tous les torts du côté de son adversaire, en ne se donnant pas à soi ceux de la forme !

L'effet fut prodigieux. J'arrivai à la Chambre, la séance était commencée. En arrivant, je vis tout le monde accourir à moi en me disant : « Eh bien, vous savez ce qui passe ? — Quoi donc ? répondis-je. — La guerre, me dit-on. — Comment ! la guerre ? — Oui, la guerre ! » fut la réponse de tous ceux qui m'entouraient. Je ne pouvais en croire ni mes oreilles ni mes yeux, tant quelques heures auparavant la paix était l'état certain, incontestable de la France et du monde.

On me raconta l'incident, et je fus à la fois surpris et consterné, regardant la guerre, dans l'état où nous avait laissés l'expédition du Mexique, comme une ruine certaine.

M. Ollivier vint à moi ; animé avec tout le monde, il était, avec moi, un peu embarrassé. Il savait, en effet, mon opinion sur la situation en général, et était bien sûr que je blâmerais l'acte de folie qu'on venait de commettre.

Il me dit, pour son excuse, qu'on ne pouvait supporter une telle entreprise de la Prusse sur nos derrières. Il aurait dû se souvenir de ce qu'il avait dit une année auparavant, pour nous faire supporter la grandeur si rapidement croissante de la Prusse.

Je ne songeai pas à récriminer, et ignorant à quel point il y avait eu de l'imprévu, de l'involontaire dans la candidature du prince de Hohenzollern, je lui dis qu'en effet il ne fallait pas supporter cette candidature, mais qu'il y avait manière de s'y prendre pour l'empêcher, et que quant à celle qu'on avait prise, elle était insensée.

« Tout peut être réparé, lui dis-je, si on le veut. La Prusse s'est mise dans son tort ; elle ne soutiendra pas cette gageure devant l'Europe mécontente et sévère. D'ailleurs, deux puissances fort importantes ici, et voulant ardemment la paix, l'Angleterre et la Russie, interviendront, insisteront, et amèneront la Prusse à revenir sur son entreprise. — Le croyez-vous? reprit M. Ollivier avec le ton d'un homme heureux que la faute commise peut être réparée. — Oui, répliquai-je, j'en suis convaincu. Mais, la faute réparée, il faut être sage, ne pas vous montrer trop exigeant, car si vous vouliez trop exiger de la Prusse, vous lui ôteriez tout moyen de retraite, et la guerre écartée reviendrait, et cette fois inévitable. »

M. Ollivier me parut heureux de la perspective que j'offrais à ses yeux, et m'assura que, ce mauvais pas franchi, on ne s'y engagerait plus.

La confusion dans la Chambre fut pendant quelques jours indicible. Ceux que j'ai appelés les bonapartistes purs, ne connaissant rien à la situation de notre armée, répétant d'après le maréchal Lebœuf qu'on était prêt, que les Prussiens ne l'étaient pas, qu'il en fallait finir avec une puissance insolente et insatiable (les malheureux l'avaient créée en 1866), et que ce serait une campagne de six semaines à faire ; ceux-là, dis-je, couraient, criaient, clabaudaient, regardaient d'un air de mépris ceux qui pensaient autrement qu'eux, et ne laissaient de repos à personne. Ceux, au contraire, que j'ai appelés les conservateurs purs, pour les distinguer des dynastiques, étaient tristes, profondément inquiets, et venaient auprès des hommes pourvus de quelque expérience politique, chercher à savoir ce qu'il fallait penser de cette effrayante aventure.

Lorsque je leur disais que la conduite du gouvernement était folle, ils approuvaient, laissaient voir le fond de leur pensée, et quelques-uns qui ne m'avaient jamais adressé la parole me serraient la main en me disant : « Monsieur Thiers, défendez la paix, et nous vous appuierons. »

M. Ollivier, que je rencontrais tous les jours, se montrait inquiet, continuait de me demander si je croyais en effet qu'on pourrait sortir de ce mauvais pas en obtenant que la Prusse retirât la candidature Hohenzollern. Je lui répétais que je n'en doutais point ; que l'action des deux puissances en ce moment les mieux placées pour agir, l'Angleterre et la Russie, était visible, ressortait de toutes parts, et que la Prusse s'étant mise dans son tort, reculerait infailliblement ; mais que là commencerait le péril si on ne savait pas se contenter de la concession qu'on aurait obtenue ; et, à cette occasion, je répétais qu'il fallait être extrêmement prudent, car ma conviction était que nous n'avions pu, en si peu de temps, sortir de l'état de non-préparation où nous avait laissés la campagne du Mexique.

M. Ollivier, sur ce dernier point, me répondait que lui ne pouvait à cet égard faire autre chose que s'en rapporter au ministre de la guerre, lequel affirmait qu'il était prêt et, quant à la nécessité de s'accommoder d'une concession de la Prusse, si on l'obtenait, il déclarait positivement qu'il fallait s'en contenter. Pour moi, je suis persuadé qu'il était de bonne foi, et que dans ce moment il sentait le danger de la position ; et je suis sûr que c'est faute de fermeté de vues qu'il suivit quelques jours après la cour dans ses funestes entraînements.

Pendant ces trois ou quatre jours d'angoisses, il se passait en Europe ce qui n'était que trop facile à prévoir. M. de Bismarck était accouru auprès du roi, son maître, qui était fort étonné du bruit effroyable que causait dans le monde son consentement donné à la prétention des Hohenzollern. M. de Bismarck, avec sa sûreté de coup d'œil accoutumée, voyant que le terrain était mal choisi pour se mesurer avec la France, si on en avait envie (et on ne l'avait pas encore), conseilla d'abandonner les Hohenzollern, ce qui fut accepté sur-le-champ par le roi de Prusse.

Les auteurs de cette guerre désastreuse cherchent aujourd'hui à s'excuser, en disant que la Prusse voulait la guerre, l'avait préparée de longue main, et n'avait fait de tout cela qu'une occasion d'entrer en lutte. J'affirme, après avoir eu l'occasion de m'éclairer complétement à ce sujet, que c'est là un pur mensonge.

Il est bien vrai que la Prusse, convaincue que tôt ou tard la France voudrait réparer ses fautes de 1866, n'avait cessé de travailler à se mettre en mesure; mais qu'elle redoutait cette formidable épreuve, et cherchait plutôt à la reculer qu'à la précipiter. Elle a été, en effet, plus étonnée encore que nous, et que le monde, de la promptitude de ses succès, dus à l'incurie et à la profonde incapacité de l'administration impériale.

L'Espagne prit bien vite le parti de dégager les Hohenzollern, ne voulant être ni la cause ni la victime d'une conflagration européenne, et elle mit tout le monde à l'aise en déclarant elle-même à la France qu'elle renonçait à la candidature Hohenzollern.

C'était, de la part de nos adversaires, une fin sagement amenée, car on nous ôtait tout prétexte de guerre fondé, et on y était parvenu sans trop de désagrément pour soi, puisque l'Espagne prenait tout sur elle en renonçant spontanément à la candidature, cause et occasion de tout ce bruit.

La Prusse s'en était tirée heureusement, mais il fallait être enchanté de ce qu'elle avait trouvé une issue pour battre en retraite, et ne pas chercher à l'humilier, car alors on allait s'en prendre à sa dignité, et on devait immanquablement retrouver la guerre, la guerre bien préparée par les Prussiens, et pas du tout par nous.

Et, au surplus, quelque bien colorée que fût la retraite de la Prusse, l'avantage de l'avoir forcée à reculer dans une entreprise que le monde croyait très intentionnelle de sa part, cet avantage restait immense.

Après avoir commis une grande faute, seulement pour n'y avoir pas persisté, nous sortions d'embarras par un triomphe.

Sadowa était presque réparé.

Hélas ! tant de bonheur ne nous était point réservé !

La veille du jour où cette dernière faveur de la fortune nous était offerte par l'abandon devenu public de la candidature Hohenzollern, je rencontrai M. Ollivier dans les couloirs du Corps législatif. Il était inquiet, honnêtement inquiet, et il me demanda encore si je croyais que la candidature Hohenzollern serait abandonnée. Je lui répétai que je le croyais toujours, me reposant sur cette pensée que la Prusse, trouvant le terrain mauvais pour une lutte avec nous, céderait aux instances redoublées de la Russie et de l'Angleterre. Mais je répétai que, ce sacrifice obtenu, il fallait absolument se tenir pour très heureux et s'arrêter.

M. Ollivier le comprenait en ce moment, et m'assura, avec une visible bonne foi, que si ce que je croyais se réalisait, on se tiendrait pour bien heureux et qu'on accepterait avec grande joie ce nouveau présent de la fortune.

Le lendemain je me rendis à la Chambre. Nous étions en ce moment-là si animés qu'on était très exact. On arrivait à midi. Sur-le-champ j'aperçois M. Ollivier qui accourt vers moi et me dit : « Vous aviez raison ; oui, nous avons réussi ; nous avons obtenu ce que nous désirions, c'est la paix. » La joie de M. Ollivier était extrême et manifestée sans réserve. Il y avait devant le palais législatif deux cents voitures de gens qui étaient venus de la Bourse savoir si c'était la guerre ou la paix à laquelle il fallait s'attendre, c'est-à-dire la hausse ou la baisse. A eux s'étaient joints quelques centaines de journalistes, et tout le monde avait envahi les approches de la Chambre, qui étaient presque inabordables. M. Ollivier, toujours joyeux, me dit : « Avez-vous lu la dépêche que nous venons de recevoir ? — Non. — Je vais vous la montrer. » Il fallut courir à travers toutes les salles du palais législatif pour ressaisir la dépêche. M. Ollivier me la fait lire. « Maintenant, lui dis-je encore une fois, il faut vous tenir tranquille. — Soyez rassuré, me répondit-il, nous tenons la paix, nous ne la laisserons pas échapper. »

Ce court entretien terminé, je me rendis dans la salle où se trouvent les statues de Mirabeau et de

Bailly. Il y avait là une agitation extraordinaire. Tous les chefs bonapartistes (inutile de les nommer) s'écriaient en parlant des ministres, quand on les disait satisfaits de la concession obtenue : « Ce sont des lâches ! des misérables ! Comment ! ils se contenteraient de cette insignifiante concession ! La France serait déshonorée ; elle ne le souffrirait pas !... » Et ils ne se gênaient guère de faire entendre ce langage aux ministres eux-mêmes.

Les membres des centres, ceux que j'appelle les conservateurs purs, beaucoup plus nombreux que les bonapartistes purs, étaient intimidés ; mais ils souhaitaient la paix et ne s'en cachaient pas. Quant à moi, je dis à ceux des ministres que je rencontrai au sein de ce tumulte :

« Ne vous laissez pas intimider par ces criards ; tenez ferme : défendez la cause de la paix et nous vous soutiendrons énergiquement. »

Il se forma alors une multitude de groupes où l'on disputait, où l'on criait, où l'on se menaçait du poing. Ceux qui demandaient la guerre étaient infiniment peu nombreux, mais d'une violence inouïe. Ceux qui désiraient la paix, et c'étaient tous les membres des centres, étaient peu bruyants ; mais ils me prenaient les mains, en me disant : « Ah ! vous êtes pour la paix, quel bonheur ! Soutenez-la, monsieur Thiers, nous vous aiderons, et comptez-y bien, nous voterons avec vous ! » Cette scène dura de midi à six heures, et elle sera toujours présente à ma mémoire. Je n'y puis penser sans être saisi de douleur. Vers la fin de la séance, on vient m'apprendre qu'il y avait quelques ministres hésitants, me dire qu'il fallait leur parler, et que peut-être je parviendrais à agir sur eux. Nous les réunîmes dans un bureau, et là je passai plus de deux heures à les entretenir. Jamais, je crois, je n'ai fait plus d'efforts pour persuader les hommes. Je parlai avec une véhémence extraordinaire ; j'étais haletant, baigné de sueur !

Je dis à ces ministres que s'ils hésitaient, ils perdraient la dynastie, ce qui ne me regardait point, mais ce qui les regardait spécialement, eux, chargés de la défendre, mais qu'ils perdraient aussi la France, ce qui était bien plus grave, et que, pour ma part, je n'en doutais point. Ils étaient cinq, autant que je puis m'en souvenir. MM. Mége et Maurice Richard, qu'on disait, je ne sais sur quel fondement, portés vers la guerre, parurent silencieux et peu démonstratifs, troublés cependant ; MM. Chevandier et Segris, émus jusqu'aux larmes, me promirent de voter pour la paix, et je crois qu'ils tinrent parole. M. Segris, homme excellent et de beaucoup d'esprit, a le mérite d'être resté inconsolable, et de ne plus vouloir reparaître sur ce théâtre de monde où il a assisté à de si grands malheurs.

Nous nous quittâmes le soir profondément agités, et ne pouvant pas nous persuader qu'on ne se contenterait pas de la concession obtenue de la Prusse. Des groupes nombreux encombraient les boulevards, et, ce qui est inouï, des bandes de gens de police couraient les rues en criant : « A Berlin ! à Berlin ! » La masse de la population désapprouvait ces manifestations. Moi-même, je parcourus les rues en voiture découverte avec MM. Daru et Buffet, et nous pûmes nous apercevoir de la réalité des choses, c'est que la population était loin de désirer la guerre. Lors donc que, pour s'excuser, l'empereur Napoléon III prétend que c'est la France qui l'a entraîné à la guerre, soit qu'il se trompe ou qu'on le trompe, il n'est pas dans la vérité. Si, en effet, il n'a pas voulu la guerre et qu'à son corps défendant il ait cédé, c'est à son parti qu'il a cédé, et non à la France.

J'ai tout vu, et j'affirme, la main sur la conscience, que la France n'a pas voulu la guerre. Quelques hommes de cour, et, je dois ajouter, pour être complétement vrai, quelques spéculateurs de Bourse, très-peu nombreux du reste, sentant que les fautes de 1866 pesaient sur les affaires, et croyant qu'il suffirait d'une campagne de six semaines pour rendre l'élan aux spéculations dont ils vivaient, disaient : « C'est un mauvais moment à passer, quelque cinquante mille hommes à sacrifier, après quoi l'horizon sera éclairci, et les affaires reprendront. »

Mais c'étaient de rares exceptions, et, je le répète, la France ne voulait pas la guerre. C'est un parti, aveuglé par son ambition et par son ignorance, qui seul l'a voulue, nous l'a donnée, et nous a perdus.

C'est dans la nuit qui suivit cette journée que notre sort fut décidé. Je n'ai jamais bien su ce qui s'est passé pendant cette nuit fatale.

Deux ambassadeurs des grandes puissances, tous deux hommes d'esprit et très dignes de foi, m'ont assuré que l'empereur, qu'ils avaient vu dans l'après-midi, leur avait dit, en parlant de la nouvelle du matin (l'abandon de la candidature Hohenzollern) :

« C'est la paix ; je le regrette, car l'occasion était bonne ; mais, à tout prendre, la paix est un parti plus sûr. Vous pouvez regarder l'incident comme terminé. »

Les principaux ministres m'avaient tenu à peu près le même langage, et, malgré ces assurances, dans la nuit tout tourna brusquement à la guerre. Je crois que la cour et ses familiers firent un puissant effort, aidés des bonapartistes purs ; qu'ils intimidèrent les ministres et triomphèrent de leur faiblesse et de celle de l'empereur, en se servant du prétexte d'un outrage fait à la France par le roi de Prusse, dans son dernier entretien avec M. Benedetti.

Que fut le rôle de chacun dans ce triste drame ? Je ne saurais le dire, et je ne veux avancer ici que ce que j'ai vu. Mais tous ceux qui ont pris part à cette funeste résolution devraient être à jamais inconsolables !

Au milieu de l'agitation générale, je n'avais vu ni le maréchal Lebœuf, qui, dans cette crise, ne parut pas à la Chambre, ni M. de Gramont, qui n'y parut que très peu. Le méréchal Lebœuf se croyait prêt ; quant à M. de Gramont, ministre des affaires étrangères, je ne sais ce qu'il croyait, mais certainement il ne fit pas preuve de jugement politique dans une situation où, en manquer, c'était perdre la France.

Le lendemain, arrivés tous de bonne heure au Corps législatif, nous fûmes saisis par cette nouvelle désolante que la guerre était résolue.

Je ne pouvais le croire, et je demandais à tout le monde s'il en était ainsi, sans jamais obtenir une réponse tant soit peu raisonnable.

On me répondait confusément que le roi de Prusse avait fait à la France, dans la personne de son représentant, un sanglant outrage. Je demandais lequel, et on ne me répondait que ces mots : « C'est intolérable ! c'est intolérable ! »

Nous avons appris depuis ce que c'était que ce prétendu outrage. M. Benedetti l'a dit lui-même, et, à Versailles, allant négocier une première fois l'armistice, une seconde fois la paix, j'ai appris par des témoins oculaires, tout à fait dignes de foi, ce qu'avait été cet outrage, et la vérité, la voici, à ce que je crois.

MM. de Bismarck et de Moltke, accourus auprès

du roi, le roi lui-même, son fils, la cour, les principaux ministres, les généraux influents, et enfin le public de Berlin tout entier, avaient reconnu que c'était une faute que d'avoir patronné, même d'une façon insignifiante, la candidature de Hohenzollern, qu'il fallait réparer cette faute en abandonnant la candidature cause de tant de trouble, mais que si la France exigeait davantage, il fallait lui tenir tête et accepter avec elle un duel devenu inévitable. C'est, en effet, le parti qu'on avait pris. Mais nos bonapartistes de Paris avaient demandé que le roi de Prusse prît l'engagement pour l'avenir de ne plus laisser reparaître la candidature Hohenzollern : à quoi le cabinet prussien avait répondu qu'il n'était pas l'auteur de cette candidature, qu'il l'avait connue, mais à peine connue, et qu'il n'avait pas à s'engager à l'égard d'une détermination qui n'avait pas dépendu de lui dans le présent, et dans l'avenir en dépendait encore moins.

Il était évident que cette exigence du gouvernement français avait pour but de rendre plus mortifiante la reculade de la Prusse, et qu'en faisant une telle entreprise contre l'orgueil prussien, on s'exposerait à une résistance qui amènerait la guerre. La faute de se conduire ainsi était d'autant plus grande que ce dont on ne voulait pas se contenter était cependant un vrai triomphe, qui serait apprécié comme tel par toute l'Europe, et que les mortifications de 1866 auraient été presque entièrement effacées sans coup férir !

Or l'outrage fait à M. Benedetti s'était réduit à ceci : le roi de Prusse se trouvait aux eaux d'Ems, maladif, agité, irrité par la grande affaire du moment. Il prenait ses eaux du matin avec son fils, lorsque M. Benedetti, ne se contentant pas des demandes communiquées au cabinet prussien, et déjà refusées, avait voulu renouveler ses instances auprès du roi dans un moment tout à fait inopportun. Le roi, sans brusquerie, mais avec brièveté, lui avait dit qu'il ne pouvait rien ajouter aux réponses de ses ministres, et l'avait quitté sans rien, du reste, qui eût le caractère d'une impolitesse. Il faut ajouter toutefois que, toute l'Allemagne étant impatiente de savoir ce qui se passait, M. de Bismarck lui avait demandé la réponse du roi par le télégraphe. Tel est le grand outrage pour lequel on nous demanda la guerre, et pour lequel à un vrai triomphe, celui d'avoir fait reculer la Prusse devant l'Europe, on substituait le plus affreux désastre.

Tant que je vivrai je me rappellerai cette terrible journée. Le Corps législatif était réuni dès le matin, et on vint nous lire la déclaration de guerre fondée sur les motifs que je viens d'exposer. Je fus saisi, la Chambre le fut comme moi. On se regardait les uns les autres avec une sorte de stupeur. Les principaux membres de la gauche, se groupant autour de moi, me demandèrent ce qu'il fallait faire. Craignant les mauvaises dispositions de la majorité à l'égard de la gauche, je dis à mes collègues : « Ne vous en mêlez pas, et laissez-moi faire. »

Je voyais un orage prêt à fondre sur nos têtes. Mais j'aurais bravé la foudre, avec certitude d'être écrasé, plutôt que d'assister impassible à la faute qui allait se commettre. Je me levai brusquement, je jaillis, si je puis dire, et, de ma place, je pris la parole. Des cris furieux retentirent aussitôt. Cinquante énergumènes me montraient le poing, m'injuriaient, disaient que je déshonorais, que je souillais mes cheveux blancs. Je ne cédai pas. De ma place, je courus à la tribune, où je ne pus faire entendre que quelques paroles entrecoupées. Convaincu qu'on nous trompait, qu'il n'était pas possible que le roi de Prusse, sentant la gravité de la position, puisqu'il avait cédé sur le fond, eût voulu nous faire un outrage, je demandai la production des pièces sur lesquelles on se fondait pour se dire outragé.

J'étais sûr que si nous gagnions vingt-quatre heures, tout serait expliqué, et la paix sauvée. On ne voulut rien entendre, rien accorder, sauf toutefois la réunion d'une commission, réunion de quelques instants, où rien ne fut éclairci. La séance commença ; avec la séance le tumulte. Je fus insulté de toutes parts, et les députés des centres, si pacifiques les jours précédents, intimidés, entraînés dans le moment, s'excusant de leur faiblesse de la veille par leur violence d'aujourd'hui, votèrent cette guerre, qui est la plus malheureuse certainement que la France ait entreprise dans sa longue et orageuse carrière.

La séance terminée, je rentrai chez moi avec mes amis, consterné, convaincu que nous marchions aux plus grands malheurs. Ma maison fut menacée, ma pauvre maison qui devait périr dans cette crise, et je fus même injurié dans la rue de La Fayette par quelques soldats ivres, qui, du haut d'une voiture ouverte, insultaient les passants en allant s'embarquer au chemin de fer. Le gouvernement eut le tort en ces circonstances, pour faire illusion au pays, d'acheminer beaucoup de soldats à travers Paris, de leur compter leur solde au passage, de les montrer ainsi, tout débraillés par suite de la chaleur et de l'ivresse, et offrant un spectacle d'indiscipline qui était un faible présage de victoire.

L'illusion, hélas ! ne fut pas de longue durée. Deux ou trois jours après la déclaration de la guerre, le Corps législatif, ayant eu le temps de réfléchir, était triste, abattu, vaguement convaincu qu'il avait commis une grande faute, et cherchant déjà à s'excuser de sa précipitation, bien que rien encore ne pût nous donner une idée des revers qui nous attendaient.

On nous avait affirmé que nous étions prêts et

que les Prussiens ne l'étaient pas. C'était une insigne fausseté, qui était, non pas la seule, mais la principale cause de la véhémence que j'avais montrée dans ces cruelles circonstances. Je n'avais pas vu le maréchal Lebœuf, auquel j'aurais parlé aussi énergiquement qu'aux autres ministres, si je l'avais rencontré, et je ne savais, à l'égard de notre état militaire, que ce que j'avais appris par la simple lecture du budget de la guerre.

Mais je savais ce que savent tous les hommes instruits de l'administration militaire ; que, même avec un budget bien pourvu, on ne peut pas être prêt en huit jours, puisque les Prussiens eux-mêmes, dont le système se fait surtout remarquer par le rapide passage de l'état de paix à l'état de guerre, ne l'ont été qu'en vingt-cinq jours.

Je savais qu'avec un budget mal doté, avec un matériel insuffisant, en partie ruiné par l'expédition du Mexique, qu'avec des effectifs de 1,200 hommes par régiment d'infanterie, on ne pouvait pas être prêt dans quinze jours, et que trois mois, avec un ministre de premier ordre, n'y auraient pas suffi. Mais un mot avait, à cette fatale époque, envahi toutes les conversations, un mot était sur toutes les lèvres : « Nous sommes prêts ! nous sommes prêts ! » Et jamais cependant nous ne l'avions été moins qu'en ce funeste moment.

Ce mot, j'en ai suivi l'histoire ; il remontait au

maréchal Niel. Je l'avais vu naître, et je le vis consommer notre ruine. Il n'y a pas un pays où les mots aient fait plus de mal qu'en France. Il y a dans notre pays des moments où tout le monde dit une chose, la répète, finit par le croire, et, tous les sots se mettant de la partie, la foule suivant, il n'y a plus moyen de résister.

Voici, en effet, l'origine de ce mot : *Nous sommes prêts !*

L'affaire du Luxembourg, pendant laquelle nous avions couru de si grands dangers, n'étant pas prêts devant les Prussiens qui l'étaient, avait jeté une première lumière sur notre état militaire, sans nous tirer des illusions dans lesquelles on s'obstinait à vivre. En effet, le maréchal Randon, honnête homme très sensé, très bon administrateur, qui avait fait beaucoup de bien en Afrique, où il aurait dû rester toujours, avait été contraint de laisser beaucoup de choses en souffrance dans l'administration de la guerre afin de cacher les dépenses de l'expédition du Mexique.

Nous n'avions pas encore de chassepots. Notre artillerie de campagne était fort en arrière des progrès opérés en Prusse ; nos chevaux d'artillerie, laissés chez les paysans, d'après un usage qui a réussi, mais à la condition qu'après sept ans ils appartiendraient au cultivateur qui les avait reçus en dépôt, n'avaient pas été remplacés, et nos attelages avaient successivement disparu. Nos effectifs étaient à l'avenant.

Le maréchal Niel, homme d'esprit et de beaucoup d'esprit, officier du génie d'un mérite supérieur, avait remplacé le maréchal Randon au ministère de la guerre, et s'était hâté de commencer la fabrication des chassepots, d'après un modèle reconnu excellent, même aujourd'hui ; mais il en avait été fabriqué sept ou huit cent mille, et il en aurait fallu trois fois autant. En fait d'artillerie, il avait acheté des chevaux et créé la mitrailleuse, instrument de guerre trop vanté d'abord, trop décrié ensuite, mais n'ayant qu'un usage très limité. Il avait laissé notre canon de campagne dans l'état où il l'avait trouvé, et maintenu nos effectifs d'infanterie à onze ou douze cents hommes ; il avait enfin abouti à l'institution bâtarde des mobiles, qui n'a pas peu contribué à nous perdre, en nous faisant croire que nous avions une armée quand, au contraire, nous n'en avions point.

A peine avait-on possédé quelques chassepots, quelques chevaux d'artillerie, quelques mitrailleuses et quelques mobiles, dont on célébrait avec enthousiasme la prompte éducation, que les amis du maréchal Niel s'étaient empressés de vanter les créations du nouveau ministre, de dire qu'il avait trouvé tout détruit par le maréchal Randon, et qu'il avait tout rétabli, tout remis dans le meilleur état, et ils ne manquaient pas d'ajouter que maintenant si la guerre venait à nous surprendre, on nous trouverait prêts. De là ce mot : « *Nous sommes prêts* ! » mot répété si souvent, entendu la première fois sous le maréchal Niel, entendu tous les jours sous le maréchal Lebœuf, et qui n'était pas plus vrai sous l'un que sous l'autre.

Nos chassepots étaient excellents, sans doute, mais le cinquième de ce qu'ils auraient dû être sous le rapport du nombre. Notre artillerie, arriérée en qualité et en quantité, ne pouvait pas fournir plus de deux pièces par mille hommes, faute à la fois de matériel et de personnel, tandis qu'il en faut aujourd'hui quatre. Nos mitrailleuses, meurtrières à une certaine portée, ne pouvaient remplacer l'artillerie ordinaire. Nos régiments d'infanterie, comptant 11 à 1,200 hommes présents au drapeau, et d'ailleurs trop peu nombreux ; des mobiles à peine instruits, et n'ayant à aucun degré l'esprit militaire ; nos places ni armées, ni complétées en vue de la nouvelle portée des armes de guerre, tout cela ne permettait pas de dire qu'on était prêt, et aurait dû nous rendre la plus pacifique des puissances et non la plus téméraire.

Il est bien vrai que, pour le temps qu'il avait eu, le maréchal Niel avait beaucoup fait, mais de là au complet état de guerre, il y avait loin et bien loin, et il n'aurait pas eu la folie d'entreprendre une grande lutte avec de pareils moyens.

Et cependant, malgré toutes ces conditions d'infériorité, bien que nous n'eussions pas à l'ouverture du feu plus de 240 à 250,000 hommes présents au drapeau, si au début on avait agi avec vigueur et présence d'esprit, si au lieu de demeurer vingt jours immobiles sans plan, sans vues arrêtées, dispersés sur une ligne de cinquante lieues, de Thionville au bord du Rhin, en cinq corps qui ne pouvaient pas se secourir les uns les autres, si au lieu d'accumuler ces fautes, on avait laissé 30,000 hommes sur la crête des Vosges pour observer la vallée du Rhin, et qu'ávec 220,000 on eût marché vigoureusement sur Trèves, on aurait rabattu les Prussiens, peut-être percé leur ligne, rejeté leur énorme masse sur Mayence, et changé la face des événements.

On le croyait tout à fait en Prusse, et j'ai acquis à Saint-Pétersbourg la preuve que le roi de Prusse lui-même, et l'empereur de Russie, convaincus que les choses se passeraient ainsi, s'étaient entendus dans cette hypothèse.

Le prince Gortschakoff, qui se trouvait en ce moment en Allemagne, avait reçu avis de se hâter, car autrement, disait-on, il serait pris par les Français, qui arrivaient au pas de course.

Loin de là, nous avons laissé accabler le maréchal de Mac-Mahon dans la vallée du Rhin, et après ce désastre, saisis de stupeur, nous n'avons su quoi faire, quoi résoudre.

Nous avions attendu d'être tournés pour prendre un parti, et ce parti avait consisté à expulser l'empereur de l'armée, ce qui n'avait pas beaucoup amélioré la situation, ni fait cesser la confusion de cette indicible campagne.

Il est vrai que ces lenteurs, dues au défaut de vues et de volonté, étaient dues aussi à la nécessité de faire arriver tout ce qui manquait aux 250,000 hommes si mal engagés en Lorraine : nouvelle preuve, du reste, que rien n'était prêt, et que si on s'était montré incapable, la guerre déclarée, on avait été fou en la déclarant.

Aujourd'hui il est de mode de dire que notre ancienne organisation militaire était défectueuse, que nos anciennes lois ne valaient rien, que notre armée, nos officiers, nos états-majors, que tout, en un mot, avait dégénéré en France ; mais très-heureusement rien de tout cela n'est vrai. En Crimée, avec la loi de 1832, nos troupes avaient été les premières du monde, bien qu'on pût apercevoir déjà l'imprévoyance, le défaut d'activité qui devait tout perdre plus tard. Mais aucune législation ne peut suffire à réparer les fautes des hommes, et rien dans l'histoire n'égale celles qui ont signalé chez nous la fin de l'empire. Je vis avec l'armée depuis plus d'une année, je l'observe avec le plus grand soin, et j'affirme que, généraux, officiers, soldats, valent ce qu'ils ont valu jadis, et que s'ils ont succombé en 1870, cela est dû surtout à la différence qui existait entre MM. de Bismarck et de Moltke, et les hommes qui, en France, leur étaient opposés.

Le premier désastre de Reichshoffen causa une surprise douloureuse, et surtout démoralisante par ce qu'il avait de si prodigieusement imprévu. Le Corps législatif fut consterné, et se sentit perdu avec l'empire lui-même.

Le ministère Ollivier essaya de tenir quelques jours; mais bientôt il reconnut que c'était impossible en présence des malheurs dont il était la principale cause, et il se retira.

Il y avait dans les rangs de l'armée un homme d'une très-grande capacité militaire, mais dépourvu d'expérience politique, et beaucoup plus fait pour être chef d'armée que chef de cabinet. Je veux parler de M. le comte de Palikao. Son expédition de Chine est une belle chose à laquelle on n'a pas rendu assez de justice. On lui avait refusé le bâton de maréchal pour le donner au général Lebœuf, et c'était une faute qui eut de graves conséquences.

Laissé dans une sorte de disgrâce, méconnu, privé de tout commandement, il eut bientôt la position d'une victime, et comme toujours on alla avec lui d'un extrême à l'autre. Pour ne pas l'avoir fait commandant d'une grande armée, rôle qu'il aurait si bien rempli, il fallut le faire premier ministre, et nous eûmes sous les yeux le triste spectacle d'un homme éminent, mais déplacé, faisant au milieu de la plus affreuse crise ce qu'il n'avait jamais fait, se débattant au milieu de l'anxiété publique contre les agitations, les soubresauts d'une Assemblée désolée, stupéfiée, ne sachant plus à qui croire, à qui songer pour se tirer, et pour tirer le pays avec elle, de l'abîme où elle l'avait laissé tomber.

La défiance du Corps législatif à l'égard du gouvernement était devenue extrême, et ce corps autrefois si docile, croyant alors tous les mensonges que lui débitait le pouvoir, ne croyait plus aujourd'hui, même à la vérité. Les yeux jadis exclusivement fixés sur le gouvernement, il tournait maintenant ses regards vers l'opposition, et il voulut introduire quelques-uns de ses membres dans le conseil de défense formé à Paris. Je fus désigné pour cette fonction, et je m'en défendis tant que je pus, convaincu que dans l'état où étaient toutes choses il était impossible d'être utile.

J'avais le pressentiment des grands malheurs que j'avais prévus, mais que je n'avais pu empêcher, et que je voyais se précipiter sur nous l'un après l'autre. Si j'avais cru pouvoir les arrêter, je n'aurais pas marchandé mon concours, mais je les croyais irréparables, et ce sentiment me disposait à ne me mêler de rien. Pourtant, comme ancien auteur des fortifications de Paris, on voulait me faire entrer dans le conseil de la défense. Je m'y refusai d'abord, et je me bornai à aller de moi-même sur les ouvrages pour voir ce qu'on y faisait et j'en revenais chaque jour plus attristé.

Le désir du Corps législatif d'avoir l'œil sur tout ce qui se faisait s'étant prononcé davantage, le gouvernement songea à nommer lui-même membres du conseil de défense quelques députés et sénateurs, mais peu d'entre nous se souciaient d'être les élus d'un pouvoir impuissant et décrié. Il se fit une sorte d'accommodement avec la Chambre, et je fus à la fois désigné par elle et par le ministère. J'eus pour collègues MM. Daru, de Talhouët, Dupuy de Lôme et, je crois, M. Béhic. Nous étions dix-sept avec les généraux précédemment nommés. MM. Mellinet et Béhic sont entrés comme sénateurs. Nous étions quatre députés.

A peine entré dans le conseil de défense, je voulus tout voir pour m'assurer par mes yeux de l'état des choses. Tous les matins, accompagné quelquefois par M. le général de Chabaud-Latour, plus habituellement par son neveu, M. Chaper, j'allais sur les ouvrages, je notais tout ce qui manquait, je le signalais le soir au conseil, et là commençaient des discussions qui duraient quelquefois jusqu'à une heure ou deux heures du matin. Les détails passés en revue, nous nous occupions de la direction générale des opérations, et bientôt l'expédition de Sedan devint notre principale affaire.

Ce qui me révoltait dans cette expédition projetée, c'était de penser qu'on allait prendre notre dernière armée pour l'envoyer périr dans les Ardennes.

Les motifs qu'on avait pour tenter cette expédition étaient obscurs, difficiles à pénétrer, et nous formions toutes sortes de conjectures. En général, on disait que, dans le gouvernement, c'était l'impératrice qui voulait l'expédition, par une sorte de point d'honneur qu'elle s'était fait à l'égard de Metz et du maréchal Bazaine, qu'il était odieux, disait-elle, de laisser périr sans secours. Cette idée aurait été généreuse et juste, si on n'avait pas laissé écouler tant de temps depuis nos premiers revers.

Mais je répétais tous les soirs, et M. le général Trochu avec moi, que les Prussiens avaient eu le temps d'envelopper l'armée de Metz, qu'entre cette armée et Paris il y avait un mur d'airain formé de trois cent mille hommes, et impossible à percer ; que le seul résultat qu'on pût obtenir, c'était de perdre inutilement nos dernières forces organisées ; que la défense de Paris se concevait avec une armée de secours, campant et manœuvrant autour de ses murs, que sans une armée de ce genre le siége de Paris serait une affreuse famine destinée à finir par une reddition à merci et miséricorde ; qu'on se priverait donc, inévitablement et fatalement, du seul moyen de rendre efficace la résistance de Paris, et que si l'armée de Sedan ne périssait pas, le moins qui pût lui arriver serait d'être bloquée comme celle de Metz.

« Vous avez un maréchal bloqué, disais-je, vous en aurez deux. »

Cette discussion s'était renouvelée plusieurs fois, et un jour même elle avait acquis une extrême violence, lorsque tout à coup M. Jérôme David, que je connaissais peu, mais qui montrait dans le conseil une attitude calme et une tristesse profonde, me saisit la main et me dit à l'oreille ces mots : « Monsieur Thiers, n'insistez pas, je vous parlerai tout à l'heure. »

Ces mots me fermèrent la bouche et je me tus, pensant bien qu'il y avait quelque chose d'extraordinaire qui rendait toute discussion inutile. Le silence que je m'imposai contribua à abréger la séance du conseil, et nous sortîmes vers une heure du matin. Descendus dans la rue Saint-Dominique, M. Jérôme David me prit à part et me dit : « L'empereur est prisonnier ; le maréchal Mac-Mahon est blessé mortellement. »

A cette nouvelle, je restai consterné, stupéfait. Je n'avais jamais vu M. le maréchal Mac-Mahon, mais sa personne m'intéressait vivement. J'étais navré d'entendre dire qu'il allait mourir, et j'allai le lendemain déposer chez lui une carte qu'on lui envoya. Ma conversation avec M. Jérôme David fut longue et douloureuse. Nous nous promenâmes bien avant dans la nuit, sur le pont de Solferino, nous perdant en réflexions désolantes sur l'avenir qui nous attendait tous.

Je voyais mon pays perdu; je voyais aussi l'empire perdu, mais cette chute était loin de me consoler de la chute de la France. « Ne vous découragez pas, me dit M. Jérôme David. Vous pouvez rendre encore de grands services à la France, et il faut les lui rendre. — Je ne puis plus rien, fut ma réponse. De tels désastres ne se réparent pas, et je ne sais où nous serons tous dans huit jours. »

Il était tard, la nuit était froide, je quittai M. Jérôme David, et je ne l'ai pas revu.

Le lendemain je reçus une lettre de M. Mérimée.

M. LE COMTE DARU. — Non pas le lendemain, dans la nuit même, à trois heures du matin.

M. LE PRÉSIDENT DE LA RÉPUBLIQUE. — Elle ne me fut remise qu'à midi, moment où je revenais des ouvrages de Paris, où j'étais dès cinq heures du matin. M. Mérimée était mourant; c'était le plus galant homme du monde. Je ne partageais pas les opinions religieuses qu'il affichait; mais c'était l'un des hommes les plus spirituels et les meilleurs que j'aie connus. Il était dévoué à l'impératrice; lui donnait de sages conseils, sans songer à profiter pour lui-même de la faveur dont il jouissait auprès d'elle. Il venait me voir souvent. On lui disait qu'il venait voir un ennemi, à quoi il répondait que je n'étais l'ennemi de personne, que les intérêts dynastiques me préoccupaient peu, que je n'avais de colère que contre la mauvaise gestion des affaires du pays.

Telle était l'origine de la démarche dont il fut chargé auprès de moi, car il vint me trouver peu d'instants après la réception de sa lettre.

« Vous devinez pourquoi je viens, me dit-il. — Oui, je le devine. — Vous pouvez nous rendre un grand service. — Je ne puis vous en rendre aucun.

— Si, si, je connais votre manière de penser; les dynasties ne vous occupent pas. Vos pensées sont tournées surtout vers l'état des affaires. Eh bien, l'empereur est prisonnier, il ne reste qu'une femme et un enfant! quelle occasion pour fonder le gouvernement représentatif! — Après Sedan, il n'y a rien à faire, absolument rien. »

M. Mérimée n'insista pas; il se borna à me dire que l'impératrice désirait recevoir mes conseils. Je répondis, avec tout le respect que je devais à la situation et aux malheurs de la princesse au nom de laquelle il me parlait, qu'en fait de conseils je ne savais lesquels donner.

« Il y a trois sujets, lui dis-je, dont on s'occupe et dont on doit s'occuper : le ministère actuel, la position de l'empereur, dont l'abdication est publiquement discutée, la direction à donner aux armées, surtout à celle de Metz..

« Sur ces trois points je ne sais quels conseils je pourrais donner à l'impératrice. Quant au ministère, il est fait, mal fait, mais impossible à changer, en ce moment, et en conseillant de le changer il faudrait au moins prendre l'engagement de le remplacer, ce que, pour ma part, je ne ferais point.

« Quant à l'empereur, à son abdication, il n'y a qu'un ami dévoué comme vous l'êtes qui puisse donner un avis. Un conseil de ma part sur un tel sujet serait un non-sens. Quant aux opérations militaires enfin, si j'étais chargé des affaires je tâcherais de me mettre, à tout prix, en rapport avec le maréchal Bazaine, de lui demander son avis, de lui donner le mien, et si nous n'étions pas d'accord, c'est son opinion que je suivrais, parce qu'il est sur les lieux et chargé d'exécuter les opérations qu'on pourrait ordonner. Je n'ai donc rien à dire, rien à faire. L'impératrice n'aurait rien à gagner à me consulter; elle ferait une démarche peut-être pénible et sans résultat utile pour elle. Certes, mon respect ne lui manquerait pas, mais m'appeler serait pousser un cri de détresse sans aucun profit. » M. Mérimée me quitta fort malheureux, car il sentait que j'avais raison, et quelques heures après il m'écrivit que l'impératrice appréciait ma réserve respectueuse, mais ne renonçait pas à mes conseils.

Le lendemain, le prince de Metternich vint faire

auprès de moi une démarche à peu près pareille à celle qu'avait faite M. Mérimée, c'est-à-dire me demander des conseils. Je répétai qu'après Sedan je ne savais quels conseils donner. Mon entretien avec M. de Metternich fut donc un échange de réflexions fort tristes, sans résultat possible.

Le moment était venu où ce qu'on appelait la gauche ne pouvait manquer d'entrer en scène. Tandis que je recevais de la famille impériale les messages que je viens de rapporter, les membres de la gauche, avec lesquels j'entretenais depuis huit ans les plus amicales relations, notamment MM. Jules Favre, Simon, Ferry, Ernest Picard, s'adressèrent à moi dans l'un des bureaux de la Chambre. Je voyais en eux des esprits distingués, dont la pratique des affaires pourrait faire bientôt de précieux serviteurs du pays. M. Gambetta qui, à cette époque, s'était fait bien accueillir par la majorité de la Chambre, était du nombre. Ils me dirent :

« La révolution est proche, elle est inévitable ; c'est dans vos mains que le pouvoir doit passer. Eh bien, mettez-vous à notre tête, et nous nous appliquerons tous ensemble à sauver le pays, qui sans cela va périr. »

Je leur répondis que cela ne se pouvait point ; que la situation serait écrasante pour eux comme pour moi ; qu'il fallait laisser le pouvoir dans les mains où il se trouvait, sauf un changement qui consisterait à le concentrer dans le sein du Corps législatif.

Ma pensée, en ce moment, c'était de se servir de ce que j'appelais le Corps législatif *repentant*, pour résoudre les difficultés de cette affreuse situation. Il fallait, selon moi, que le Corps législatif déclarât le trône vacant, formât une commission de gouvernement, essayât de signer un armistice avec l'ennemi, puis convoquât une Assemblée où se réunirait tout ce que le pays contenait d'hommes capables et dévoués, et du sein de laquelle sortirait le remède à nos malheurs.

Sans énoncer à mes interlocuteurs toutes mes pensées à ce sujet, je leur conseillai de ne pas prendre sur eux la charge d'événements accablants dont ils n'étaient pas la cause, et dont ils n'avaient ni le devoir, ni l'intérêt d'assumer la formidable responsabilité.

Je ne sais si je parvins à persuader mes collègues, mais je les vis, pendant ces derniers jours, tristes, inquiets comme moi, et sans projet qui leur fût personnel. Je suis certain qu'ils ne conspiraient pas plus que moi. Ils étaient inactifs, mais indignés, et ne le dissimulaient point.

Telle était donc la situation : l'empire déjà ruiné, s'adressant à tous ceux qu'il croyait pouvoir lui prêter secours, et l'ancienne opposition tentée de saisir le pouvoir, mais hésitant, et renonçant presque à y toucher. Pendant ce temps, l'ennemi victorieux marchait sur Paris, et la crise finale s'annonçait ouvertement et bruyamment.

C'est au sein du Corps législatif lui-même que la crise allait éclater. Ce Corps, troublé, éperdu, se sentant appelé à prendre la responsabilité du pouvoir dans la défaillance visible du gouvernement impérial, était effrayé de la tâche qui le menaçait, et n'osait se décider entre l'impossibilité de maintenir ce qui était et le danger de créer autre chose.

Quant à moi, ce qui me semblait désirable, je viens de le dire, c'est que le Corps législatif, éclairé par ses fautes, se saisît du pouvoir, s'en servît pour négocier la paix ou un armistice, et convoquer une Assemblée qui déciderait du sort de la France.

Mais dans cette solution, qui était la seule raisonnable, car il valait cent fois mieux que la révolution se fît dans le palais Bourbon que dans la rue, j'entrevoyais, pour ce qui me concernait, un sombre et cruel avenir auquel je voulais échapper à tout prix, celui d'être chargé du fardeau du pouvoir, et surtout de signer moi-même une paix qui me désolait.

Je n'hésitais pas à dire que j'étais l'homme de France à qui la Providence devait le plus épargner cette douloureuse tâche. Hélas ! je ne me doutais pas que je serais bientôt obligé de la subir.

Deux ou trois jours se passèrent en véritables convulsions. A chaque instant, comme il arrive dans ces cas-là, on interpellait les ministres sans leur donner presque le temps de répondre, sans écouter même des réponses qui n'en étaient pas. Que pouvaient-ils dire, en effet, qui signifiât quelque chose dans une situation presque sans remède? Désarmer l'opinion publique en écartant la famille impériale, arrêter l'ennemi au moyen d'un armistice, signer la paix, la signer vite pour éviter qu'elle ne devînt plus mauvaise en prolongeant la résistance, était la seule chose possible. Mais le gouvernement impérial lui-même pouvait-il rien de semblable? Évidemment non. Et si la révolution avait lieu, les hommes qui surgiraient de son sein pourraient-ils arrêter le mouvement imprimé aux choses? Pas davantage. Tout était donc péril, solution ou impossible ou effrayante.

On se débattait dans ce gouffre d'impossibilités, et d'heure en heure devenait plus évidente la nécessité de la déchéance. L'opposition ne voulait plus laisser prononcer le nom de l'empereur ni de l'Impératrice, et la majorité n'osait plus les faire respecter. Ceux que j'ai appelés les bonapartistes purs poussaient encore quelques cris qui étaient plutôt des gémissements que des éclats de colère, et ils étaient devenus tout à fait incapables d'opposer la moindre résistance.

Le samedi 3 septembre, on faillit en finir, mais la solution fut remise au lendemain. Nous quittâmes l'Assemblée à minuit.

Des groupes s'étaient formés sur la place de la Concorde. Les sergents de ville qui gardaient la tête du pont me les signalèrent, et, comme ces groupes n'étaient pas très nombreux et qu'il me semblait possible de passer entre eux, surtout avec un cheval rapide, je me hasardai à traverser.

A ce moment, je trouvai M. Jules Favre à pied ; je lui offris de monter dans ma voiture, ce qu'il accepta.

Nous fûmes poursuivis par les groupes et atteints près du garde-meuble. Ils nous arrêtèrent, se jetèrent à la tête de mon cheval, et ceux qui étaient un peu plus loin : « Arrêtez ! arrêtez ! tuez le cheval ! »

Ces émeutiers nous reconnurent bientôt et se mirent à crier : « Sauvez-nous ! sauvez-nous ! La déchéance ! »

Nous leur dîmes que la déchéance était proche, et que, s'ils voulaient l'obtenir, il ne fallait pas qu'ils se rendissent effrayants. Ces paroles plusieurs fois répétées finirent par agir sur les plus rapprochés de nous, qui firent des efforts et eurent beaucoup à faire pour nous délivrer. Mon cocher, qui était prisonnier sur son siége, fut laissé libre, et un coup de fouet vigoureux lançant le cheval au galop, nous fûmes délivrés, poursuivis encore, mais point atteints.

Nous nous séparâmes, M. Jules Favre et moi, et fûmes plusieurs jours sans nous revoir. Il ne songeait, en ce moment, pas plus que moi, à mettre la main à une révolution.

Le bruit d'un coup d'Etat contre nous tous, et

dont l'effet serait de nous incarcérer, était très répandu. Je n'y croyais guère. Cependant on y croyait parmi mes amis, et la nuit se passa dans des inquiétudes assez grandes. La fatigue et l'incrédulité me procurèrent un profond sommeil.

M. LE COMTE DARU. — A propos de ce coup d'État vous tenez peut-être à savoir sur quel fondement reposaient les bruits qui ont circulé. Nous avons reçu une déposition fort importante, celle de M. le baron Jérôme David. Vous pouvez lire. Quant à la déposition de M. Kératry, qui dit avoir trouvé des listes de personnes à arrêter, ces listes étaient anciennes.

Il n'y a pas eu dans le cabinet de résolution de coup d'État. Le général Palikao, aussi bien que les ministres, se défendent d'avoir eu la moindre pensée d'arrêter qui que ce soit.

Le bruit qui a circulé semble donc faux ; il n'y a eu ni commencement d'exécution, ni projet arrêté.

MM. Brame, Busson-Billaut, Clément Duvernois, que nous avons entendus, s'en défendent absolument.

Un seul témoin, M. Jérôme David, ne s'en est pas défendu de la même façon ; mais vous verrez dans quels termes il en parle. Il se garde bien de dire que le conseil des ministres ait eu de tels projets.

M. LE PRÉSIDENT DE LA RÉPUBLIQUE. — Je suis persuadé, en effet, qu'il n'y a pas eu de résolution prise par les ministres ; mais je crois qu'il en a été question, car M. Clément Duvernois, que je voyais assez souvent à cette époque à l'occasion de mesures à prendre pour la défense de Paris, me dit plus d'une fois : « Quant à moi, jamais je ne consentirai à un coup d'État, et vous pouvez compter sur ma parole. » Ces propos me firent supposer qu'il en était question, puisqu'un des membres du cabinet mettait tant de soin à se défendre. Je pense, en effet, qu'il en a été parlé sans que rien ait été résolu.

M. LE COMTE DARU. — Il peut y avoir eu des personnes, en dehors du cabinet, qui aient donné de tels conseils ou fait courir de tels bruits.

M. LE COMTE DE RESSÉGUIER. — M. Jérôme David nous a dit, si je ne me trompe, qu'il en avait donné le conseil.

M. LE COMTE DARU. — Il n'en a pas donné le conseil ; il a dit seulement : « Quant à moi, j'aurais été disposé à faire, sans hésitation aucune, des arrestations, si je les avais crues nécessaires. » Voilà le sens, sinon les termes de sa déposition.

M. CHAPER. — Avec une nuance de regret que cela n'ait été fait.

M. LE COMTE DARU. — Je ne puis pas me rappeler les termes même de la déposition. Je répète qu'il n'y a pas eu de résolution arrêtée dans le conseil du gouvernement, si nous en croyons les dépositions que nous avons reçues.

Tous les membres du cabinet, à l'exception de

M. le baron Jérôme David, déclarent qu'il n'en a pas même été question.

Vous étiez tous présents, vous pouvez vous le rappeler.

M. le Président de la République. — Le lendemain dimanche, 4 septembre, après avoir pris un peu de repos, je me rendis à l'Assemblée, où l'agitation était extrême.

Des membres du centre, autrefois très réservés avec moi, m'abordèrent et me dire :

« Il est évident qu'il faut en finir ; nous sommes décidés à rendre le trône vacant. On nous demande le mot de déchéance, nous ne pouvons pas le prononcer, c'est chose impossible. Nous avons soutenu cette dynastie pour éviter une révolution ; nous nous sommes trompés en la soutenant, mais il est impossible d'en prononcer nous-mêmes la déchéance. Soit, pour la chose ; mais qu'on nous épargne le mot. »

Ils me prièrent donc de trouver une rédaction qui conciliât leur dignité avec la nécessité devenue évidente de faire vaquer le trône.

Je leur répondis que j'allais m'en occuper, et je me rendis dans un bureau où on disait que la gauche était assemblée.

Je dis à ces messieurs :

« Les députés du centre désirent autant que vous la déchéance, et je le tiens de leur propre bouche,

Mais ils ne veulent pas en prononcer le mot eux-mêmes. »

Les membres de la gauche me répondirent qu'ils tenaient à la chose et point au mot lui-même, et nous convînmes d'une rédaction qui fut bientôt couverte de signatures, et qui devint ce qu'on appela dans le moment la proposition de M. Thiers.

Si elle avait été votée, et elle allait l'être, le Corps législatif, devenu tout à coup populaire, pouvait retenir la révolution dans ses mains, gérer les affaires quelques jours, faire à l'ennemi une proposition d'armistice qui eût été probablement acceptée (j'en ai acquis la certitude depuis), convoquer ensuite une Assemblée qui aurait conclu la paix et mis à nos malheurs une fin tolérable. Mais dans le moment survint un incident fâcheux. Quelques députés revinrent des Tuileries, d'accord, disait-on, avec le comte de Palikao, pour proposer un arrangement au profit de l'impératrice régente et de son enfant.

Une discussion fort vive s'engagea dans les couloirs et prit plusieurs heures précieuses, dont la perte devait devenir fatale. Le comte de Palikao fit dans ce sens une proposition à l'Assemblée, qui fut écartée avec une répulsion bruyante et presque générale. Le général, surpris comme un homme qui s'était attendu à un tout autre accueil, parut décontenancé. Un dernier incident acheva de tout perdre. On avait réuni des troupes pour garder l'Assemblée.

que des groupes nombreux commençaient à entourer, et il arriva en ce moment ce qui est bien souvent arrivé en pareille circonstance.

L'opposition, émue des bruits de coup d'État qui avaient couru, demanda compte du rassemblement de troupes, très-explicable d'ailleurs, qui s'était fait autour de l'Assemblée. Le comte de Palikao, assailli de cris, promit de faire retirer les troupes pour les faire remplacer par la garde nationale. Le sort de la Chambre était décidé dès ce moment. Il aurait fallu qu'un concert se fût établi entre le chef du ministère et les autorités de Paris pour qu'une force succédât immédiatement à une autre ; mais la confusion était déjà au comble, et tout concert avait cessé entre les pouvoirs.

La proposition Palikao écartée, la mienne fut renvoyée dans les bureaux pour y être examinée et adoptée. La majorité fut considérable.

Nous nous retirâmes dans les bureaux, dont les fenêtres donnant dans la cour étaient ouvertes. Je regardai par ces fenêtres ce qui se passait, et je vis avec un sinistre pressentiment les troupes qui partaient, sans voir arriver celles qui auraient dû les remplacer.

La discussion commença et fut terminée dans mon bureau presque à l'unanimité par l'adoption de ma proposition. On voulut alors me nommer commissaire, ce qui me conduisait à être rapporteur de la commission, et bien autre chose après.

Je refusai péremptoirement. On insista. Je résistai, et on me demanda alors qui pouvait être choisi à ma place. J'indiquai M. Dupuy de Lôme, qui était présent, qui refusa d'abord, et qui ne céda que sur mes vives instances.

Nous en étions là, lorsque tout à coup nous entendîmes des cris furieux dans le corridor qui conduisait aux bureaux. La porte de notre bureau fut forcée, et une foule ardente nous envahit.

Parmi les envahisseurs se trouvaient beaucoup d'hommes point mal vêtus. Ce n'était pas, comme je l'ai vu à d'autres époques, une émeute faite par la populace; loin de là. Je remarquai dans cette foule un individu grand, assez maigre, ayant une redingote brune, tout couvert de sueur, et d'une véhémence extrême.

M. LE VICE-PRÉSIDENT COMTE DARU. — C'était, je crois, Régère, le membre de la Commune.

M. LE PRÉSIDENT DE LA RÉPUBLIQUE. — Je ne puis pas le dire, car je ne l'ai jamais connu. Il monta sur la table, et de là commença un discours prononcé avec une grande volubilité. Il n'y avait cependant ni dans sa figure, ni dans ses gestes, rien qui annonçât un homme prêt à se livrer à des violences.

Le Corps législatif avait, depuis quelques jours, conçu pour moi une sorte d'intérêt. Tous mes collègues m'entourèrent, de peur qu'il ne m'arrivât malheur. C'était une crainte vaine, du moins pour ce jour-là. L'orateur véhément qui nous haranguait du haut de la table où il était monté, bondit à ma vue, sauta à terre, et, me saisissant par la main, s'écria plusieurs fois : « Monsieur Thiers, sauvez-nous ! sauvez-nous ! — Que voulez-vous, lui dis-je, que nous fassions pour vous sauver ? — Il faut proclamer la déchéance. — C'est à quoi nous travaillons, lui répondis-je ; mais sortez d'abord, car nous ne pouvons pas prendre une résolution tant que vous resterez ici. »

En ce moment M. Tachard, qui était dans un bureau voisin, craignant que je ne fusse en péril, était accouru. Il parla à nos envahisseurs, les engagea à se retirer, et comme on entendait des cris violents d'un autre côté, l'attention de la foule qui nous entourait étant attirée ailleurs, nous fûmes laissés seuls, et nous pûmes achever notre délibération, devenue du reste à peu près inutile, et n'ayant plus rien à faire, nous revînmes à la salle des séances.

Déjà la multitude l'avait envahie, ainsi que toutes les parties du palais. Nous restâmes noyés au milieu de cette foule pendant plusieurs heures. Personne ne venait à notre secours, et n'y songeait, car jamais je n'ai vu une révolution accomplie plus aisément et à moins de frais.

L'empire avait tellement révolté les esprits par les malheurs qu'il avait attirés sur le pays que personne n'avait pitié de sa chute, et que personne n'avait la pensée d'y résister. Ses partisans eux-mêmes assistaient à ce singulier spectacle sans essayer d'y porter remède. Les partisans de l'empire, accablés ce jour-là, réveillés aujourd'hui, se plaignent qu'on les ait renversés à cette époque, prétendant qu'en les frappant on a frappé la France.

Mais pourquoi ne se défendaient-ils pas alors? pourquoi pas un seul effort de leur part pour résister à cette révolution opérée sans aucune difficulté ? Par une bonne raison, c'est qu'ils n'auraient pas trouvé quelqu'un, eux compris, qui songeât à les sauver. De violence, il n'y en avait aucune. On se promenait, mêlé à la foule, pas trop mal vêtue, qui nous appelait par nos noms, et me répétait : « Monsieur Thiers, tirez-nous de là ! » A quoi je répondais que le moyen le plus sûr pour nous y aider, c'était de s'en aller et de nous laisser pourvoir paisiblement au gouvernement du pays.

Plusieurs heures s'écoulèrent ainsi sans que personne se présentât, ni pour nous secourir, ni pour nous violenter.

Vers la fin du jour, la salle se trouva presque évacuée. Nous nous disions les uns aux autres qu'il fallait pourtant prendre un parti, et nous imaginâmes de nous transporter dans la vaste salle à manger de la présidence. Là, je fus entouré et chargé, ce qui dura une demi-heure, de présider ce Corps législatif.

où j'avais essuyé tant d'outrages quelques semaines auparavant, et je pris une sorte de fauteuil sur lequel je tombai accablé de fatigue et d'anxiétés de toute sorte.

En ce moment, on nous avait appris que la gauche, qui depuis quelques jours ne faisait plus rien que souhaiter et attendre la révolution, en voyant la représentation nationale dispersée s'était rendue à l'Hôtel de Ville pour y recueillir le pouvoir et le tirer des mains d'une populace que rien ne contenait.

Quoi qu'en disent les partisans de l'empire déchu, si la gauche, qui depuis quelques jours n'agissait qu'à la tribune, ne s'était pas portée à l'Hôtel de Ville, le pouvoir dès ce jour même eût passé aux mains de la Commune, et Dieu sait ce qui serait arrivé ! Sans doute ce qui est arrivé a été bien triste, mais si la Commune s'en était mêlée dès le premier jour, les résultats auraient été plus affreux encore, car l'ennemi victorieux, provoqué par des violences inouïes, se serait porté peut-être aux dernières extrémités de la guerre.

Une fois réunis, on se demanda ce qu'il fallait faire. C'est le matin, hélas ! qu'il aurait fallu s'adresser cette question, c'est le matin qu'il aurait fallu tâcher de conserver le pouvoir, d'improviser une loi électorale, de prononcer la dissolution et de faire arriver tout de suite une Assemblée qui aurait décidé du sort du pays. Maintenant tout était perdu, ou à peu près. Tout ce qu'on pouvait faire, c'était de se mettre en rapport avec l'opposition, maintenant maîtresse de l'Hôtel de Ville, pour savoir s'il serait possible de faire en commun quelque chose de sage et de patriotique. On songea donc à envoyer une députation à l'Hôtel de Ville ; cette députation partit et nous attendîmes la réponse, qui se fit attendre assez longtemps. La réponse arriva enfin ; c'est M. Jules Favre et M. Jules Simon qui nous l'apportèrent. « On a pris le pouvoir, dirent ces messieurs, parce qu'on a trouvé la place du gouvernement abandonnée ; du reste, nous n'avons que les intentions que vous pourriez avoir vous-mêmes ; celui de vos collègues qui vous préside le sait bien, car il serait à notre tête s'il l'avait voulu. »

Quelques membres de l'Assemblée, ceux surtout qui le matin avaient résisté à la résolution qui, prise à temps, aurait prévenu de grands malheurs, étaient fort irrités contre la gauche.

Je vis que les choses allaient se gâter et qu'on allait échanger des paroles très aigres. J'arrêtai ce conflit sur-le-champ :

« Messieurs, dis-je, au milieu des désastres du pays, il est inutile d'ajouter de nouvelles divisions à celles qui existent déjà. Ce serait une grande faute de notre part. Soyez prudents, dis-je à ceux qui venaient de prendre le pouvoir ; tâchez de gouverner pour le bien ; quant à nous, nous n'avons plus rien à faire. »

Dans une partie de l'Assemblée, on eut de la peine à se soumettre, mais on était dans l'impuissance absolue de résister, et montrer de l'humeur était tout ce qu'on pouvait. La majorité, du reste, trouva bons les conseils d'union, de paix et de résignation que je venais de donner. On se sépara sans rien dire. Je rentrai chez moi, résolu à me séparer de tout, hommes et choses, en souhaitant bien sincèrement qu'une conduite sage et prudente du pouvoir abrégeât et diminuât en les abrégeant les malheurs du pays.

Telle fut cette révolution, que les partisans de l'empire attribuent à la trahison, et qui ne fut que le résultat du délaissement général qu'ils n'avaient que trop mérité, et contre lequel ils ne songèrent pas un moment à réagir, tant ils se sentaient abandonnés.

Un incident purement involontaire, comme il en arrive si souvent en ces circonstances, c'est-à-dire l'éloignement des troupes, sans accord entre les autorités pour les remplacer immédiatement, fut le coup mortel qui, du reste, ne frappa que des gens déjà mourants et presque morts. Ce dernier incident n'aurait même exercé aucune influence si, le matin, un dernier effort, tenté pour assurer la régence à l'impératrice, n'avait fait perdre deux ou trois heures précieuses. La résolution de la déchéance adoptée sur-le-champ, tout en évitant d'en prononcer le mot, aurait prévenu l'invasion de l'Assemblée, et l'éloignement momentané des troupes serait resté un incident sans aucune conséquence.

Je restai donc chez moi, cherchant dans mes études chéries une distraction aux scènes auxquelles je venais d'assister. Je ne me doutais pas que j'en verrais bientôt de plus terribles.

Depuis quelques jours je ne sortais pas de chez moi, et j'étais enfoncé dans mes livres, lorsqu'un jour je vis arriver M. Jules Favre, que je n'avais pas vu depuis le 4 septembre.

Il me dit : « Je viens en ami vous demander de nous rendre un service important. — Lequel ? — Le voici : nous avons la plus grande peine à nous faire écouter, notamment à Londres ; mais si vous consentiez à vous y rendre, vous parviendriez peut-être à nous faire ouvrir des voies aujourd'hui fermées. »

M. Jules Favre ajouta à cet énoncé de vives instances pour me décider à accepter une mission de cette nature soit auprès de l'Angleterre, soit auprès des cabinets avec lesquels j'avais été jadis en relation.

Cette proposition me causa le plus grand embarras, et, je n'hésite pas à le dire, une vive peine. J'étais sorti dix jours auparavant de la salle du Corps législatif le cœur navré, me promettant de ne plus mettre la main aux affaires de notre pauvre France, vaincue, abaissée, et décidé à chercher dans le sein des études scientifiques, auxquelles j'étais livré depuis plusieurs années, la consolation de nos malheurs.

L'étude des vérités éternelles est, me disais-je, une noble occupation, surtout pour une fin de vie, et j'étais décidé à lui consacrer le peu d'années qui me restaient à vivre. Depuis quelques années je fréquentais l'Observatoire, l'École normale, le Muséum d'histoire naturelle, et j'étais résolu à y rechercher encore le repos et l'oubli de tout ce que j'avais vu depuis quarante années.

J'opposai donc un refus à la proposition de M. Jules Favre. Je lui donnai mes raisons, — raisons, il est vrai, tirées de mon intérêt personnel ; mais il insista fortement, en me disant qu'il ne me demandait qu'une chose, non pas d'accepter une ambassade, c'est-à-dire une fonction durable (chose que je rejetais péremptoirement), mais une course rapide, soit en Angleterre, soit ailleurs, partout enfin où je pourrais me faire écouter, et où j'irais dire que le gouvernement était tombé aux mains d'honnêtes gens, souhaitant l'ordre et la paix, qu'il serait barbare et souverainement imprudent aux cabinets européens de refuser de tendre la main à la France, uniquement parce qu'elle avait changé de gouvernement à la suite d'une révolution qui n'était malheureusement que trop expliquée, et trop justifiée par ce qui s'était passé à Metz et à Sedan.

Sentant qu'il y avait à rendre un service réel quoique difficile, je demandai à réfléchir ; mais le gouvernement était si pressé de faire partir un représentant auprès des cours étrangères que M. Jules Favre me demanda à revenir le soir même, pour avoir ma réponse. Je consentis à ce rendez-vous si prochain.

Dans la journée, je vis mes amis, et tous furent d'avis qu'il était impossible de refuser le service qu'on me demandait. Les divers membres du gouvernement vinrent ajouter leurs instances à celles de M. Jules Favre, et je me décidai enfin à accepter une mission temporaire auprès des diverses cours avec lesquelles j'avais conservé des relations personnelles, mission qui aurait pour but et pour résultat de réveiller les sympathies pour la France, et le sentiment du danger qu'il y aurait pour l'Europe à la laisser périr.

Il fut convenu que je ne m'occuperais pas de la paix, sujet auquel je ne voulais pas toucher, et sur lequel je n'aurais pas été, peut-être, de l'avis du gouvernement, mais uniquement de rendre des amis à la France, si j'en pouvais trouver, et de faire naître, si possible était, l'occasion d'un armistice.

J'avais, en fait, des pouvoirs très étendus pour nouer des alliances, mais aucune autorisation, aucune indication, même quant à la paix future.

Je n'en aurais pas accepté, quelque effort qu'on eût fait pour m'en offrir, ma conviction profonde étant qu'on n'avait pas le droit de m'imposer le sacrifice de signer la paix douloureuse qui était déjà facile de prévoir.

Je partis de Paris vers le milieu de septembre 1870, le cœur serré de laisser mes amis, Paris, ma chère patrie adoptive, dans un moment où personne ne savait ce qu'il deviendrait dans huit jours, et enfin ma pauvre maison, que je ne devais plus revoir.

Arrivé au pont de Creil, je trouvai l'officier du génie qui devait faire sauter le pont et qui, averti de mon passage, attendait que je l'eusse franchi pour le faire sauter. J'entendis l'explosion à quelques centaines de mètres, et le matin, à six heures, j'étais à Londres. Tant de Français, fugitifs de l'empire, avaient envahi les hôtels, que je ne trouvai qu'à l'ambassade le moyen de me loger. Elle était démeublée et je fus réduit à y camper.

Lord Granville quitta tout de suite son château de Douvres, qu'il possède viagèrement comme gouverneur des cinq ports, et se hâta de venir me voir à Londres. Je l'avais connu jeune, presque enfant, lorsque son illustre père était ambassadeur à Paris, et je le retrouvai tel qu'il est, doux, fin, intelligent, ami de la France, où il a passé sa jeunesse, mais résolu, comme tous ses compatriotes, à ne rien compromettre pour elle.

La satisfaction de voir la France abaissée n'avait

été, en Angleterre, qu'une satisfaction d'un instant.

Mais le danger de la voir affaiblie, écrasée, faisait place peu à peu à cette première joie d'une ancienne jalousie, et on aurait voulu venir à notre secours. Mais on n'était pas prêt pour la guerre, et, l'eût-on été, on ne l'aurait pas faite pour nous. La preuve, c'est qu'on n'a pas voulu la faire pour soi, c'est-à-dire pour maintenir le traité de Paris. Lord Granville fut donc très affectueux, mais stérile comme la situation.

M. Gladstone, que j'avais connu aussi, mais moins intimement que lord Granville, ne se fit pas attendre, et vint immédiatement à l'ambassade de France. Moins affectueux que lord Granville, mais attaché, comme tous les hommes éclairés, à l'ancien équilibre européen, il le voyait avec regret détruit, peut-être à jamais. Il aurait voulu le rétablir, fût-ce au profit de la France, mais n'en trouvait pas plus le moyen que lord Granville, personne en Angleterre ne voulant faire la guerre, ne voulant pas même la risquer. Pourtant il y avait une chose à essayer, c'était de ménager une entrevue entre M. Jules Favre et M. de Bismarck, car on me disait à Londres, comme on me l'a dit partout : « Négociez ! négociez ! »

Il fut convenu que l'Angleterre enverrait une demande d'entrevue au quartier général prussien ; mais la question était de savoir de quelle recommandation on appuierait cette demande. Plusieurs jours furent employés à discuter le fond et la forme de cette recommandation. Le cabinet britannique ne voulait être qu'un simple intermédiaire pour ne pas s'exposer au désagrément d'un refus, à quoi je répondais : « Mais l'Angleterre, enfin, n'en est pas réduite à être un bureau de petite poste. »

Il fut convenu qu'on recommanderait l'acceptation d'une entrevue *dans l'intérêt de la paix*, et j'aurais voulu qu'on ajoutât : *de l'équilibre européen*. Je ne pus l'obtenir, mais la recommandation dans l'intérêt de la paix fut accordée, et la dépêche partit pour le camp prussien.

Pendant ces quelques jours, je reçus de Saint-Pétersbourg une invitation fort courtoise de la part du prince Gortschakoff pour me rendre en Russie. Je connaissais beaucoup et depuis nombre d'années l'illustre chancelier russe, et j'étais convaincu que je ne réussirais à quelque chose d'utile qu'en réunissant tous les neutres en un faisceau, et en les piquant d'honneur les uns par les autres.

Si la Russie faisait quelque chose, il était évident que l'Angleterre ne voudrait pas moins faire, surtout à cause de l'opinion publique qui commençait à se prononcer en notre faveur.

Lord Granville, toujours gracieux et amical pour la France, voulait me retenir à Londres, en me faisant espérer de ma présence prolongée plus que je n'en espérais, et je me décidai à partir pour la Russie, fort pressé, d'ailleurs, par M. Jules Favre, que les lettres reçues de Saint-Pétersbourg disposaient à désirer ardemment mon voyage vers le Nord.

Il s'agissait de savoir quelle voie je prendrais pour arriver le plus tôt possible. On me conseillait de me rendre en Suède, de la traverser, et d'aller m'embarquer à Stockholm. Mais la question était de savoir si je trouverais là des moyens faciles de transport, surtout en état de guerre.

La flotte française était aux Dunes, et j'imaginai d'aller la rejoindre pour me faire transporter jusqu'au Sund. Mais, arrivé là, on craignait les brumes de la saison et de grands hasards de mer. Néanmoins, je me décidai à partir sur *le Desaix*, autrefois *Prince-Jérôme*, et je quittai Londres, accompagné de ma famille, que je voulais laisser en Angleterre, où j'avais des amis nombreux, mais qui voulait me suivre, convaincue que je tomberais malade dans quelque village de Pologne ou de Russie, et qu'il valait mieux m'accompagner que de faire, après coup et toute seule, un long voyage pour venir me chercher malade. Je descendis la Tamise, et, arrivé aux Dunes, après une croisière en tous sens afin de trouver la flotte que je ne trouvai pas, je me décidai à l'aller chercher à Cherbourg.

J'y arrivai en effet et, en entrant à Cherbourg, je trouvai au milieu de la rade notre flotte cuirassée qui était sous vapeur, prête à me conduire où je voudrais. Un contre-ordre, résultat d'un malentendu, l'avait ramenée à Cherbourg. Mon excellent ami l'amiral de Gueydon la commandait. Il était prêt à la conduire au Sund, mais ne répondait pas de le franchir avec ses gros bâtiments, desquels il ne pouvait se séparer sans péril.

Je pris alors et brusquement le parti de traverser le continent tout entier, certain que si la fatigue devait être grande, les imprévus, les pertes de temps ne seraient pas à craindre, et que j'arriverais sûrement à mon but, sans cesser de recevoir en route des nouvelles de France.

Je montai en chemin de fer, après avoir pris à peine le temps de faire un léger repas.

En rentrant dans notre malheureux pays, je retrouvais la confusion que j'y avais laissée. Les convois de mobiles, de matériel de guerre, se succédaient, se heurtaient, et j'eus la plus grande peine à arriver à Tours, devançant d'une demi-heure une rencontre meurtrière de deux convois brisés l'un contre l'autre.

Je trouvai à Tours la délégation, tombée de Paris en Touraine, tout ébahie du chaos au milieu duquel elle se trouvait, et n'ayant guère la force de le débrouiller. Après un repos d'une heure, je me remis en route. J'arrivai le lendemain au mont Cenis ; je le traversai, je trouvai les Italiens ivres de leur entrée à Rome ; mais, je dois leur rendre cette justice, très touchés des malheurs de la France, sans toutefois avouer que c'était pour eux qu'elle était si malheureuse.

Je ne m'arrêtai point ; je traversai Turin, Milan, Venise, la Styrie tout entière, et, après deux jours, j'étais à Vienne.

M. de Beust était chancelier de l'empire, et M. Andrassy principal ministre de Hongrie. Je trouvai auprès de ces messieurs le plus vif intérêt pour la France, beaucoup plus que je n'en avais obtenu en Angleterre, mais avec la même impuissance de nous aider. Ils me dirent que si quelqu'un voulait agir, ils ne seraient pas les derniers ; mais qu'en Russie seulement il pouvait se produire une initiative puissante et efficace, et là encore se devaient rencontrer les obstacles de la parenté. Avant de me quitter, MM. de Beust et Andrassy m'apprirent ce qu'ils avaient fait pour ôter à M. de Gramont toute illusion sur la possibilité d'une alliance entre la France et l'Autriche, et mirent ainsi le plus grand soin à repousser toute la responsabilité de cette affreuse guerre.

Devant revenir à Vienne, je ne m'y arrêtai cette fois que deux jours, et je partis pour Saint-Pétersbourg en traversant la Pologne. Le télégraphe avait annoncé ma venue à Varsovie. Je trouvai au débarcadère une foule immense, calme, silencieuse, le chapeau à la main, ayant le tact de se taire pour ne pas me créer des obstacles.

Je ne m'arrêtai point, et sans prendre de repos je me rendis à Saint-Pétersbourg.

La cour était à Tsarkoeselo. Je m'y rendis auprès du prince Gortschakoff, que je n'avais pas vu depuis bien des années, et qui avait acquis par ses grands services, et une rare supériorité d'esprit politique, une position dominante dans la politique du grand empire du Nord.

Il me parla avec beaucoup d'amitié et de franchise. « Vous trouverez ici, me dit-il, de vives sympathies pour la France, des sympathies qui tiennent au goût de notre nation pour la vôtre, et à d'anciennes conformités d'intérêts, longtemps oubliées. Ces sympathies on vous les témoignera, mais ne vous y trompez point : en Russie, l'empereur seul est le maître ; seul, il gouverne. Or l'empereur veut la paix, et ce n'est pas le neveu qui résistera à vos instances, mais le souverain qui se doit à son peuple et à son peuple seul. Du reste, vous trouverez auprès de lui des secours pour négocier et pas pour autre chose. On vous aidera à traiter, sans perte de temps ; et, croyez-moi, il n'y a pas autre chose à faire. »

Le chancelier avait raison, et je m'en aperçus bientôt. L'empereur me fit l'honneur de me recevoir. Ce prince est un honnête homme s'il en fut, appliqué aux affaires, les entendant, et respirant la franchise et la loyauté. Il me confirma le langage de son ministre en me disant qu'il ne ferait pas la guerre, mais qu'il serait notre appui dans les négociations, et ferait son possible pour que la France fît en territoire et en argent les moindres pertes possibles. Il a tenu fidèlement parole.

Je vis tous les princes de la famille, et je trouvai partout les mêmes sentiments affectueux, mais le même conseil de conclure une paix prompte, au prix de sacrifices qui seraient d'autant plus grands qu'ils seraient plus différés.

Je passai huit à dix jours à entendre les mêmes choses, sans rien de décisif.

Je savais qu'on avait écrit à Versailles, où était la cour de Prusse, qu'on n'avait pas de réponse, et qu'on était même un peu étonné de ce silence.

J'allais partir, lorsque tout à coup le prince de Gortschokoff me dit, avec une satisfaction visible :

« Nous avons des nouvelles. La paix est possible, mais il faut beaucoup prendre sur vous ; il faut aller à Versailles traiter courageusement, et vous aurez des conditions acceptables, surtout si Paris est un peu défendu. Ayez le courage de la paix, et, je vous le répète, vous donnerez la paix à votre pays et à l'Europe, surtout si la fortune seconde un peu les armes françaises sous les murs de Paris. »

Je fis remarquer au prince que je n'avais aucun pouvoir pour conclure une paix, quelle qu'elle fût, que je n'en avais pas pris et n'en aurais pas voulu. « Soyez grand citoyen, me dit le prince, et prenez sur vous. On vous attend à Versailles, vous y serez bien reçu et vous obtiendrez tout ce qu'on peut obtenir en ce moment. »

Je fis remarquer au prince que je ne pouvais aller à Versailles sans avoir passé par Paris et obtenu des pouvoirs du gouvernement de la Défense nationale, car autrement je signerais en vain un traité, ma signature ne serait pas reconnue, et j'aurais commis un excès de pouvoir sans résultat utile.

Le prince convint que j'avais raison, et en parla sur-le-champ à l'empereur, qui comprit cette nécessité. Il fut donc convenu que l'empereur demanderait pour moi, à Versailles, la faculté d'entrer à Paris, pour m'y procurer le pouvoir de signer un armistice, et que j'irais ensuite négocier cet armistice à Versailles même.

Tout étant ainsi convenu, je traversai de nouveau le continent, je repassai par Vienne, je vis Florence, où le roi Victor-Emmanuel m'avait invité à me rendre, et où une faible espérance de secours, bientôt dissipée, m'avait attiré. Je rentrai en France et je revins à Tours, après avoir parcouru toute l'Europe en quarante jours.

L'Angleterre était préoccupée de ce que j'avais fait à Saint-Pétersbourg. Je n'y avais certes pas noué une alliance, mais elle devina que j'y avais obtenu de l'appui pour négocier un armistice ; et, ne voulant pas faire moins que la Russie, elle imagina à peu près de son côté ce qui avait été imaginé à Pétersbourg, c'est-à-dire de demander pour moi la faculté d'entrer à Paris pour y recevoir les pouvoirs d'aller négocier un armistice à Versailles.

L'Autriche, l'Italie, la Russie, c'est-à-dire les neutres, s'empressèrent d'adhérer : la Russie, parce que c'était sa propre pensée ; l'Autriche et l'Italie, parce que la paix, commencée par un armistice, était ce qu'elles désiraient. Je fus donc ainsi, tout à la fois, le représentant de la France et des puissances neutres dans une prochaine négociation d'armistice. Je me trouvais ainsi peu à peu amené à me mêler de la paix, ce que je n'avais jamais voulu et ce que la situation me condamnait à faire.

Arrivé à Tours, j'y fus reçu avec empressement et joie par ceux qui désiraient la paix ; avec moins de satisfaction par ceux qui, par l'entraînement des circonstances, étaient engagés dans la guerre à outrance.

Alors commencèrent de nouvelles négociations de toutes les puissances neutres avec la cour de Prusse, pour obtenir que je fusse admis à Versailles, après avoir traversé Paris pour y recevoir les pouvoirs nécessaires. Ce point fut longuement débattu. La Russie ne s'y épargna pas, et enfin il fut entendu que je me rendrais à Orléans, qu'à Orléans des officiers allemands m'accompagneraient à Versailles, et que de Versailles je serais conduit aux avant-postes français pour pénétrer dans Paris.

Ce qui avait constitué la difficulté principale, c'était la crainte que je ne pusse obtenir à Paris des instructions qui rendissent un armistice possible. Mais le cabinet prussien céda parce qu'il fallait bien, ou renoncer à traiter même d'un armistice, ou que j'obtinsse du gouvernement de la Défense nationale, qui tenait les clefs de Paris, le pouvoir de disposer de ces clefs, aux conditions, bien entendu, que le gouvernement français y mettrait, et que mon honneur me permettrait d'y mettre moi-même.

Et ce n'était pas là encore toute la difficulté. Il fallait le consentement de la délégation de Tours elle-même, car le gouvernement était partagé en deux, et sans aucune communication de la moitié résidant à Paris avec celle qui, de Tours, essayait de gouverner le reste de la France.

Toutefois, je dois le dire, je ne rencontrai pas de difficultés bien grandes de la part des membres du gouvernement qui siégeait à Tours.

Ils ne mirent à mon départ d'autre condition (et ils avaient raison) que mon passage à Paris pour y recevoir les pouvoirs nécessaires.

Je partis donc de Tours, ma famille et mes amis fort inquiets de ce qui arriverait de moi à travers toutes ces aventures, et je parvins sans difficultés à Orléans, où commandait le général bavarois de Thann, homme sage, et, quoique très brave militaire, fort ami de la paix, que du reste les Allemands désiraient tous.

Je reçus l'hospitalité de monseigneur l'évêque d'Orléans, qui était la providence de ses diocésains au milieu des horreurs de cette guerre, et qui eut pour moi toutes les bontés que je pouvais attendre de sa vieille amitié. En quittant Orléans, je rencontrai sur la route toutes les traces sanglantes de cette guerre désolante, des villages incendiés et brûlant encore, des malheureux paysans en fuite, les soldats ennemis occupant leurs chaumières et y vivant de la richesse dont ils dépouillaient le pays. Des officiers bavarois m'accompagnaient, et pour chevaux de poste on me donnait des chevaux qui me conduisaient aussi vite que possible sur des routes coupées ou détruites.

Le dimanche matin, 30 octobre, à Versailles, je fus reçu par M. de Bisma ck que je n'avais pas vu depuis bien des années, qui m'accueillit de la façon la plus amicale, et qui m'expliqua pourquoi il avait voulu me faire entrer dans Paris par Versailles. « Sur tous les autres points, me dit-il, il est presque impossible de franchir les avant-postes. Par Versailles et Sèvres même, la chose n'est pas facile.

« Chaque lettre me coûte un homme, et c'est trop cher ; je n'écris plus. Mais voici de braves jeunes gens qui ne craignent pas les fusillades d'avant-postes, et qui feront tout pour vous épargner les dangers du passage. Revenez le plus tôt possible, mais je n'espère pas que ce soit avant plusieurs jours. Mes jeunes gens vous attendront sur la rive de la Seine, et au premier signal ils iront vous recevoir et vous ramener ici. »

M. de Bismarck nous donna en même temps la triste nouvelle de la reddition de Metz, que nous soupçonnions sans la connaître.

Je vis aussi M. de Moltke, et je partis accompagné par de jeunes officiers appartenant aux plus grandes familles de Prusse, tous fort distingués, et qui faisaient partie de cet état-major si renommé de M. de Moltke, composé par lui et pour lui.

Arrivé à Sèvres, je vis un spectacle lamentable. Les obus avaient percé les maisons, atteint en divers points la manufacture de porcelaine. Les maisons étaient ouvertes, abandonnées, et, comme celles de Pompéi, surprises par une catastrophe soudaine.

On trouvait tout ouverts des cabarets où des bouteilles,des verres, des plats, étaient restés sur les tables, les habitants n'ayant abandonné leurs demeures que lorsque les projectiles des deux rives avaient fondu sur eux.

Des traverses armées de canons barraient les rues: les soldats étrangers à leurs pièces, et le canon du Mont-Valérien dominait tout cela du bruit incessant de ses batteries.

Après trois heures d'attente pour faire reconnaître et accueillir les officiers parlementaires, une légère barque se détacha de l'autre rive de la Seine (le pont de Sèvres était coupé et garni de canons), et vint me chercher.

Je fus heureux plus que je ne puis dire de voir enfin l'uniforme français ; ceux qui le portaient, ignorant comme tout Paris ce qui se passait en France et en Europe, furent confondus d'étonnement en entendant mon nom et en me voyant aux portes de la capitale.

On me croyait à Vienne ou à Saint-Pétersbourg, et personne ne me supposait aussi près.

Je mettais un véritable intérêt à revenir le plus tôt possible à Versailles, pour prouver à M. de Bismarck que je n'aurais pas autant de peine qu'il le croyait à obtenir des pouvoirs raisonnables, et je priai les officiers prussiens qui m'avaient accompagné de se trouver tous les jours, à quatre heures, au point où je m'embarquai, afin de m'y recevoir et de me ramener à Versailles.

Je traversai la Seine et je fus conduit à la belle maison de M. de Rothschild, de Boulogne, que j'avais vue si splendide autrefois, et qui, démeublée aujourd'hui, couverte de paille, était remplie de soldats et offrait toutes les images de la guerre.

Partout ma présence causa un étonnement extraordinaire et fit naître des espérances de paix accueillies avec la plus grande joie. Mais malheureusement j'apportais à Paris la plus cruelle des nouvelles, celle de la reddition de Metz.

Un journal anarchique avait, par l'ordinaire méchanceté des partis, annoncé la reddition plusieurs jours avant qu'elle fût vraie ; le gouvernement l'avait démentie avec raison, et on était revenu à la croyance que Metz nous appartenait encore : aussi la nouvelle de la reddition fut-elle reçue avec la plus violente émotion.

Par un hasard fort inattendu, M. Picard était aux portes de Paris quand j'arrivai, et j'eus à le revoir autant de plaisir qu'il en eut lui-même. Il me fit une peinture lamentable de la situation de Paris, et m'exprima le désir de la paix en homme d'esprit et de sens qu'il était, mais sans se dissimuler la difficulté de la faire accepter par les furieux qui déjà commençaient à dominer la capitale, et que nous avons rencontrés depuis sous la forme de la Commune.

Je me rendis sur-le-champ chez M. Jules Favre, aux affaires étrangères, où je pris gîte, et je demandai la convocation immédiate du gouvernement. M. Jules Favre, que je n'avais pas vu depuis le milieu de septembre, et auquel je m'étais attaché en le trouvant si bon, si généreux, si prompt à accueillir les idées de bon sens, fut fort heureux d'apprendre la possibilité de traiter, mais bien malheureux d'apprendre la reddition de Metz. Il ne se dissimulait pas, et je ne me dissimulais pas plus que lui combien ma présence dans Paris allait causer de surprise, exciter d'émotions par ce mélange de nouvelles heureuses et tristes, la possibilité de la paix et le désastre de Metz.

L'impression produite, en effet, fut extraordinaire, et si la nouvelle d'un armistice négocié avec l'appui des puissances neutres causait un sensible plaisir, la reddition de Metz navrait les cœurs patriotes, surexcitait les anarchistes, et devenait dans leurs mains un nouveau brandon de discorde. Il était visible qu'on aurait bientôt une crise, par suite de ce conflit, entre ceux qui sentaient la nécessité de finir cette guerre sans ressource, et ceux pour qui tout était occasion de désordre et de violence.

Le gouvernement se réunit sur-le-champ, et nous passâmes la nuit à délibérer. Tout le monde fut d'avis de l'armistice, car on sentait que la résistance de Paris n'était qu'une affaire d'approvisionnement ; qu'aucun secours n'était à espérer d'armées qui avaient péri à Sedan et à Metz, et qu'on cherchait en vain à reformer sur la Loire, sans cadres, sans matériel de guerre ; qu'il fallait donc terminer cette série de malheurs, et qu'un armistice serait un premier pas, pas très considérable, dans la voie de la paix. Mais la condition naturelle que tout le monde voulait et devait y mettre, c'était une introduction de vivres proportionnée à la durée de l'armistice. C'était la règle en pareille circonstance, et cette fois plus nécessaire que jamais.

Il y eut unanimité dans le conseil du gouvernement. Je trouvai parfaitement raisonnables et courageux, comme je devais m'y attendre, le général Trochu, noble caractère si injustement calomnié, MM. Jules Favre, Simon, Picard, Magnin, et, ce qui étonnera tout le monde, M. de Rochefort, tant il est vrai qu'aux affaires, en présence des faits eux-mêmes, les caractères les plus emportés dans l'opposition se tempèrent et se rendent à la nécessité des choses.

Après avoir passé la nuit à délibérer, je passai la matinée à rédiger avec M. Jules Favre les instructions que je devais emporter avec moi, et à discuter avec M. Magnin des quantités de vives que je devais exiger pour la subsistance de Paris pendant la durée de l'armistice.

Durant cette matinée, les nouvelles les plus sinistres ne cessèrent d'arriver. Nous étions au 31 octobre, jour funeste, qui a été l'origine de nouveaux et plus graves malheurs. Les fous méchants qui sont devenus la Commune trouvaient dans la reddition de Metz un prétexte à grande agitation, et, dans la nouvelle d'une négociation d'armistice, une occasion de dire que l'*infâme parti* de la paix allait livrer à l'étranger l'honneur de la France.

Malheureusement, beaucoup d'honnêtes gens, inquiets, troublés, sans se livrer aux exagérations des anarchistes, éprouvaient cependant les susceptibilités d'un patriotisme égaré par les circonstances, et, sans le vouloir, servaient d'appui à ceux qui ne demandaient que le désordre et le mal. C'est tout cet ensemble de choses que je devais avoir bientôt sur les bras, et qu'il faudrait vaincre six mois après, avec une armée de cent trente mille hommes.

Le général Trochu devait venir me chercher à midi et me conduire aux avant-postes. Il me fit dire que la journée devenait orageuse et qu'il ne fallait pas m'attarder à Paris, et je compris qu'en effet il n'y avait pas de temps à perdre. Je ne croyais pas le péril aussi grand qu'il l'était en effet ; mais ce que je redoutais, c'était que le gouvernement, violenté ou seulement influencé par l'état de Paris, ne modifiât mes instructions et me rendît ainsi toute négociation impossible.

Je quittai Paris à deux heures, par un temps épouvantable physiquement et moralement, et je vins prendre à la porte Maillot une escorte que me donna le général Ducrot, que je ne connaissais point alors, et avec qui j'échangeai quelques paroles bien tristes sur le malheur des circonstances.

Nous franchîmes le bois de Boulogne au galop, et tout était si difficile alors, au milieu des embarras de la guerre, que, parti des affaires étrangères à deux heures, je n'étais arrivé au pont de Sèvres qu'à quatre heures.

Les trompettes sonnèrent sur les deux rives, et cette fois je franchis les avant-postes très rapidement.

Les officiers prussiens m'attendaient et furent fort étonnés de me revoir sitôt.

Je revins à Versailles, où M. de Bismarck, surpris et satisfait de la promptitude de mon retour, me fit complimenter de mon heureuse et rapide traversée de Paris, et me demanda de fixer l'heure de notre prochaine entrevue le lendemain. Onze heures fut l'heure choisie pour nos négociations, qui pendant plusieurs jours, commencées le matin, ne finissaient que le soir.

Le lendemain, en effet, je vis M. de Bismarck, et nos négociations commencèrent. Je les ai exposées dans une note qui fut peu connue de Paris, mais qui a été connue de la France et de l'Europe lorsque, l'armistice ayant été repoussé, je dus rendre compte de ma mission, non-seulement à la France, mais aux puissances neutres sous les auspices desquelles ces négociations avaient été entreprises et conduites.

Je ne répéterai pas ce que j'ai déjà écrit, mais je dirai le fond seulement.

La Prusse alors voulait la paix, et toute l'Allemagne avec elle.

La résistance inattendue de Paris, résistance bien honorable et bien utile, et dont il était temps de tirer pour nous tous les avantages qu'elle pouvait contenir, la crainte d'être arrêté sous les murs de notre capitale pendant deux mois encore, la fatigue des troupes allemandes, la formidable apparence des ouvrages à attaquer, la pression de l'Europe, les instances de la Russie en particulier, tout avait disposé la cour de Prusse à consentir un armistice.

« Il faut faire, avions-nous dit, M. de Bismarck et moi, la paix en deux volumes. Occupons-nous du premier, le second viendra ensuite. »

Pour moi, si disposé à ne pas me mêler du second volume, je n'hésitai pas à mettre la main au premier. Il est certain qu'il était possible de se mettre d'accord sur ce qu'il conviendrait de faire. La seule difficulté consistait dans la quantité des vivres à introduire dans Paris : car il s'agissait de la durée de résistance qu'on voudrait accorder aux Parisiens, si en définitive on ne se mettait pas d'accord sur les conditions de la paix.

Quatre jours s'écoulèrent, entre M. de Bismarck et moi, à traiter les diverses questions que la situation faisait naître. Le jour, nous passions le temps à vaincre les difficultés, de forme et de fond ; le soir, quelquefois même une partie de la nuit, nous nous entretenions des événements de cette guerre, et sans commettre d'indiscrétion, je puis dire que je fus convaincu, à Versailles, des sentiments que la dynastie déchue inspirait à la cour de Prusse, ainsi que j'avais pu m'en convaincre à Vienne et surtout à Saint-Pétersbourg.

Après quatre jours, tout était prêt, la rédaction était arrêtée ; il ne restait plus qu'un point à régler, point difficile, il est vrai, celui des approvisionnements à concéder à Paris. Ce n'était pas le principe qui était contestable ni contesté, mais la quantité. Toutefois, je m'étais réservé assez de marge pour céder, et aboutir à un accord acceptable.

Nous étions là, lorsque le jeudi ou le vendredi, autant que je m'en souviens (j'étais parti de Paris le lundi), je trouvai M. de Bismarck (lequel dissimule fort peu, quoi qu'on en dise) agité, sombre, vivement impressionné. « Avez-vous des nouvelles de Paris? me dit-il. — Aucune. — Eh bien! une révolution a eu lieu, et elle y a tout changé. » Je fus, non pas tout à fait surpris, sachant l'état dans lequel j'avais laissé la capitale quatre jours auparavant, mais incrédule cependant. « Une tentative aura eu lieu, dis-je à M. de Bismarck, mais elle aura été étouffée, car la garde nationale ne souffrirait pas que l'anarchie triomphât. — Je n'en sais rien, » me dit M. de Bismarck; et il me donna lecture d'une foule de rapports d'avant-postes, plus confus, plus empreints de trouble les uns que les autres.

Ce qui me frappa, c'est que M. de Bismarck lui-même était affecté et triste de ce qui était survenu. Il désirait en ce moment la paix, et il ne me cacha pas que tous ces événements diminuaient beaucoup les chances de la conclure. Ce qui me frappa, entre autres choses, c'était cette situation d'être aux portes de Paris et de ne pas savoir ce qui s'y était passé quatre jours auparavant. M. de Bismarck me demanda alors si j'avais un moyen de savoir exactement ce qui était survenu dans Paris.

J'avais deux secrétaires de légation, dévoués, courageux tous les deux, MM. Paul de Rémusat et Cochery, et j'offris d'envoyer l'un des deux à Paris, pour aller chercher des nouvelles.

M. de Bismarck me donna des officiers pour accompagner M. Cochery (celui de mes deux secrétaires que j'avais trouvé le premier pour l'expédier sur-le-champ), et nous attendîmes son retour, afin de pouvoir juger de notre nouvelle situation.

Je vis plusieurs fois M. de Bismarck dans cette journée. Un nouvel incident était survenu qui empira beaucoup les choses, c'était la proclamation publiée à Tours à l'occasion de la reddition de Metz. La violence avec laquelle étaient qualifiés les auteurs vrais ou supposés de la capitulation avait exaspéré tout le monde à Versailles.

« Le roi voulait la paix, me dit M. de Bismarck, et il était disposé à l'armistice, dans l'espérance de calmer les passions du parti de la guerre en France; il résistait au parti de la guerre en Prusse; car il ne faut pas vous le dissimuler, nos militaires sont opposés à l'armistice. Ils disent que l'armistice prolongera votre résistance, et qu'il faut, ou conclure la paix tout de suite, ou attaquer Paris à outrance.

« Eh bien, ajouta M. de Bismarck, cette nouvelle révolution à Paris, ce langage tenu à Tours, découragent ceux qui espéraient calmer les passions; ce nouvel éclat de vos passions réveille les nôtres, et plein de confiance hier, j'en ai beaucoup moins aujourd'hui. »

M. de Bismarck disait vrai. Je connaissais plusieurs diplomates et princes allemands réunis à Versailles, et tous les renseignements que je pus recueillir me confirmèrent que beaucoup de choses avaient changé en vingt-quatre heures.

Dans la nuit, M. Cochery revint, après avoir traversé courageusement de grands dangers. Il m'apprit que le 31, jour où j'avais quitté Paris, une révolution avait été tentée, avait été comprimée, mais tout juste, et que les anarchistes, à demi vaincus, secondés involontairement par les honnêtes gens dont le patriotisme égaré avait été surexcité par les événements de Metz, dominaient complétement Paris. Je revis M. de Bismarck. Je ne lui dis pas tout ce que je savais; mais il était tout aussi renseigné que moi, et il était convaincu que, avec toute la bonne volonté du monde, si je faisais accepter ce qu'il appelait le premier volume de la paix, c'est-à-dire l'armistice, je ne ferais pas accepter le second.

« Oh! me dit-il, si je croyais que l'éditeur voulût mettre au jour le second volume, je vous aiderais bien à publier le premier. »

Alors il me fit connaître la condition qu'on mettait à l'armistice, c'est à dire, ou point d'introduction de vivres ou l'abandon d'un fort.

Je n'étais pas autorisé à accepter une telle condition, et je dus rompre la négociation.

J'étais désolé, je dois le dire, car convaincu, par ce que j'avais vu soit à Paris, soit à Versailles, qu'on ne parviendrait qu'à prolonger les ravages de la guerre et à empirer les conditions de la paix, j'avais l'âme brisée et j'entrevoyais des malheurs encore plus grands que ceux qui nous accablaient.

Et moi, qui n'avais jamais songé qu'à me mêler d'un armistice tout au plus, sans me mêler des conditions définitives de la paix, je sentis en moi un mouvement involontaire, et je me demandai si le moment n'était pas venu de s'armer de courage et de conclure tout de suite cette paix si cruelle, mais bien plus cruelle si on la retardait, et je songeai à me dévouer sur-le-champ à cette œuvre si douloureuse et si patriotique.

Je regardai M. de Bismarck ; il me regardait, lui aussi, et presque en même temps nous nous demandâmes si la paix ne serait pas immédiatement possible. Nous passâmes la nuit ensemble, et sans raconter ici des choses que l'histoire seule saura et devra dire, j'acquis la certitude que la paix, une paix douloureuse, mais moins que celle qu'il a fallu accepter plus tard, était dès lors possible. Sur-le-champ, je résolus de me dévouer et d'aller, à Paris même, m'efforcer de la faire accepter.

M. de Bismarck me dit de bien me garder d'aller moi-même à Paris; car je ne sortirais pas des mains des furieux qui dominaient la capitale. Je croyais ces dangers exagérés quoique réels; mais je lui dis que si je n'allais pas moi-même, je ne réussirais à rien, et je pris le parti de donner rendez-vous aux membres du gouvernement dans le lieu qu'il leur conviendrait de choisir, et de m'y entendre sur une question qui était le salut même de la patrie.

Je renvoyai M. Cochery, qui avait déjà réussi à pénétrer dans Paris, et je lui donnai rendez-vous au pont de Sèvres. Le lendemain je m'y trouvai. Il fallut bien du temps encore pour franchir les avant-postes. J'y parvins toutefois, et je fus conduit dans une maison abandonnée du bois de Boulogne et ravagée par les projectiles. Je ne trouvai au rendez-vous que M. Jules Favre, accompagné du général Ducrot. La situation était telle que M. Jules Favre seul avait pu se détacher pour venir traiter avec moi. L'entretien commencé avec mes deux interlocuteurs se concentra bientôt entre M. Jules Favre et moi, et je lui exposai la situation à Versailles. M. Jules Favre me fit connaître la situation à Paris. Cette homme courageux, qui devait avoir le courage de mettre fin à nos malheurs en signant la capitulation de Paris, me fit sentir l'impossibilité en ce moment d'amener la population de Paris à une résolution raisonnable. Il appréciait ce que je lui proposais, il le trouvait sage, acceptable, nos malheurs donnés ; mais évidemment la Commune de Paris dominait déjà la situation, quoiqu'elle n'eût pas encore le gouvernement matériel de la capitale. D'ailleurs, il faut bien le dire, les honnêtes gens eux-mêmes, trompés sur nos moyens de résistance, partageaient les erreurs des anarchistes, sans partager la perversité de leurs sentiments.

Je quittai M. Jules Favre le cœur brisé ; il me quitta aussi affecté que moi, et nous nous séparâmes au bord de la Seine, sans savoir si nous nous reverrions jamais, et même si Paris serait debout lorsque nous parviendrions à nous rejoindre.

Je retournai à Versailles, où j'attendis une dépêche définitive du gouvernement de la Défense nationale pour clore toute cette négociation devenue inutile. Je quittai M. de Bismarck, fort affligé de voir la lutte se continuer, et je partis toujours accompagné d'officiers d'état-major prussiens fort distingués et fort courtois.

Arrivés entre Orléans et Tours, nous trouvâmes les hostilités recommencées et les armées aux prises. Les avant-postes franchis, je pris passage sur une locomotive, et j'arrivai à Tours, assis sur un monceau de charbon.

Je rendis sur-le-champ compte de ma mission et

je remis à la délégation de Tours les dépêches du gouvernement de Paris. Dans ces dépêches, j'étais remercié de mes efforts pour la paix et prié de rester à Tours pour donner mes conseils à la partie du gouvernement qui était sortie de Paris. Je trouvai beaucoup de courtoisie auprès des membres qui composaient la délégation, et beaucoup d'attention à mes paroles quand j'essayais de donner un avis. Mais voyant que ces avis, écoutés avec politesse, n'avaient pas grande efficacité, je résolus de me taire, et ne quittant le gouvernement ni à Tours, ni à Bordeaux, j'attendis, silencieux et profondément triste, la fin de nos perplexités.

Tel est le récit fidèle et sincère de ce que j'ai vu, pensé et fait, avant, pendant et après la révolution du 4 septembre, révolution inévitable et très-calomniée par ceux surtout qui l'avaient rendue nécessaire.

M. LE PRÉSIDENT. — Nous vous remercions profondément, monsieur le Président, d'avoir bien voulu donner ces renseignements à la Commission.

ENQUÊTE PARLEMENTAIRE SUR LE 18 MARS

(Séance du 24 août 1871.)

M. THIERS, CHEF DU POUVOIR EXÉCUTIF. — Je remercie la Commission d'avoir bien voulu se déranger et venir à la Présidence. Cela m'économise beaucoup de temps. Je suis aux ordres de la Commission.

M. LE COMTE DARU, PRÉSIDENT DE LA COMMISSION. — Monsieur le Chef du Pouvoir exécutif, la Commission a désiré ne pas achever ses travaux sans avoir entendu ce que vous pourriez avoir à lui dire sur l'insurrection du 18 mars et sur ses causes. Il lui a semblé que son enquête ne sera pas complète si elle n'avait pas, en quelque sorte, pour couronnement, votre témoignage. Vous avez, de votre côté, manifesté le désir de nous communiquer vos appréciations. Nous allons vous écouter.

Vous permettrez que votre déposition soit sténographiée. Le compte rendu vous sera soumis; nous vous prierons de le revoir pour qu'il puisse être publié.

M. LE CHEF DU POUVOIR EXÉCUTIF. — Plusieurs membres de la commission ayant eu l'obligeance de me donner des détails sur vos très intéressants travaux, et m'ayant demandé si je ne consentirais pas à déposer à mon tour, j'ai répondu que c'était mon devoir, et que je le remplirais avec empressement dès qu'on m'en fournirait l'occasion.

Seulement, comme cette proposition m'était faite dans un moment où j'étais surchargé d'occupations urgentes, j'ai demandé la permission de ne vous apporter mon témoignage qu'un peu plus tard, si toutefois la Commission était indifférente sur l'époque à laquelle elle désirait que je m'expliquasse devant elle.

Quand j'ai su que le travail de la Commission touchait à sa fin et que le rapport se préparait, je vous ai offert de me mettre à votre disposition.

M. LE PRÉSIDENT DE LA COMMISSION. — Nous pressons le travail, parce que l'Assemblée nous presse. Il est évident que nous n'avons pas encore réuni tous les matériaux de cette grande enquête; nous n'avons pas les éléments nécessaires pour établir les ramifications de l'Internationale dans toute la France. Nous avons dû faire faire, par les premiers présidents de cour d'appel et par les chefs des administrations publiques, des enquêtes portant sur des points éloignés, et nous n'avons pas encore tous les rapports qui nous sont annoncés. Nous avons nommé notre rapporteur, il y a peu de jours, et nous sommes obligés de le prier de se hâter, parce que l'Assemblée, saisie de diverses propositions et notamment de votre loi sur l'Internationale, nous presse ; elle nous demande et avec raison, de la renseigner sur la puissance et les manœuvres de l'Internationale, comme sur l'état des esprits dans les provinces.

Nous remarquons avec une grande douleur que les dispositions des esprits ne s'améliorent pas. Nous sommes obligés de le dire à l'Assemblée et de lui en indiquer les causes. Il faut que nous hâtions notre travail et que nous en précipitions un peu l'achèvement, malgré notre désir d'y consacrer tout le temps nécessaire, afin de le rendre digne de la Chambre et complet.

M. LE CHEF DU POUVOIR EXÉCUTIF. — Je voudrais que vous me disiez s'il y a quelques points spéciaux sur lesquels la Commission désire plus particulièrement que je lui donne des explications, ou si elle veut que je lui fasse un récit des événements tels que je les ai vus et compris.

M. LE PRÉSIDENT. La commission sera heureuse d'écouter le récit que vous vous proposez de lui faire. Nous vous demandons la permission de ne vous poser des questions qu'après vous avoir entendu, car beaucoup de celles que nous pourrions vous adresser, en ce moment, seront certainement rendues inutiles par ce que vous nous aurez dit.

M. LE CHEF DU POUVOIR EXÉCUTIF. Avant d'entrer

dans le récit des faits, permettez-moi, sur l'Internationale, quelques mots qui serviront de courte préface à ce que je dois vous dire.

Je crois que l'action de l'Internationale est très-réelle, qu'elle est continue, et cela depuis bien des années; mais en même temps cette action est très occulte. Bien que cette société ait la prétention de ne s'occuper que de ce qu'elle regarde comme étant de son domaine et de son intérêt, c'est-à-dire de violenter la liberté des transactions, d'altérer le prix de la main-d'œuvre, bien qu'elle affecte de dire qu'elle ne se mêle pas de politique, au fond, partout où se produit un trouble social, l'Internationale intervient pour l'aggraver. Partout elle se fait l'inévitable auxiliaire du désordre. Je sais bien que les branches étrangères de l'Internationale blâment la branche française de son immixtion dans les affaires politiques. Cela, disent-elles, ne regarde pas la Société. Elle n'a pour but que d'assurer le bien-être du peuple. Mais ce que ces gens-là appellent assurer le bien-être du peuple consiste à changer le prix naturel de la main-d'œuvre par des émeutes, par des coalitions de bras et d'argent; et ils ne s'aperçoivent pas qu'en agissant de la sorte ils ruinent les ouvriers en même temps que les entrepreneurs, et qu'ils créent la misère universelle. Le caractère vrai de cette société, c'est donc, tout en affectant de ne pas se mêler de politique, là où il y a un peu de désordre, de s'y jeter avec empressement. Nous l'avons vue figurer dans les événements de France et surtout dans ceux de Paris, sans qu'on puisse dire qu'elle en est la cause directe, qu'elle les a encouragés, qu'elle les a fait naître, sans qu'on puisse indiquer le jour précis où elle s'en est mêlée; mais on n'en doit pas moins la regarder comme l'auxiliaire et souvent comme l'excitateur du désordre.

C'est sous ce rapport que la situation actuelle est grave. Il est incontestable, quoi qu'on en dise, que les esprits demandent à se calmer. Le temps, messieurs, est à mes yeux le plus grand auxiliaire des gouvernements modérés, des gouvernement sensés qui savent manier le pouvoir. Le temps calme les esprits. Mais l'Internationale est un agent continu, universel, et, à ce double titre, infiniment redoutable; elle rayonne sur toute l'Europe, elle fait peur à l'Europe entière.

Nous avons pris l'initiative de l'action en proposant la loi que vous connaissez. C'est moi qui ai imaginé de considérer le seul fait de l'affiliation à l'Internationale comme un délit. C'est, suivant moi, le moyen le plus certain de combattre l'Internationale sur son terrain. Car la prendre la main dans un délit bien précis, bien caractérisé, dans un délit de grève qu'elle fomente, qu'elle excite, qu'elle soudoie, c'est chose bien difficile.

Ce qui est moins difficile, ce qui peut souvent se

rencontrer, c'est de saisir une partie de l'association, c'est de pouvoir constater quels sont ses membres, et alors de les punir très sévèrement. Si l'on se bornait à l'ancienne législation qui les punissait comme association non autorisée, de quelques jours de prison ou d'une amende, on ne ferait rien. Il faut considérer l'affiliation à l'Internationale comme un délit grave. Il faut considérer comme un délit nouveau à ajouter à tous ceux que la législation criminelle a pour but de réprimer, cette participation à une société dont l'existence même est un délit, puisqu'elle a pour but d'associer des malfaiteurs étrangers aux efforts des malfaiteurs français, puisque ses membres n'ont pas de patrie. Nous avons songé d'abord à leur ôter la qualité de Français ; mais cette mesure nous a paru excessive, et nous nous sommes borné à décider qu'ils seraient punis de la prison, et qu'à l'expiration de leur peine ils seraient placés sous la surveillance de la haute police pendant le reste de leur vie.

Je ne crois pas à ce que vous disiez tout à l'heure, que les esprits s'exaltent tous les jours davantage. Je le répète, je crois au contraire qu'ils tendent à se calmer. Je suis persuadé que, dans six mois, dans un an, s'il n'y a pas d'événements extraordinaires qui viennent tout bouleverser de nouveau, la société se trouvera dans un meilleur état qu'aujourd'hui. Mais je reconnais que le mal, et un mal incontestable, résulte de l'existence même de l'Internationale, qu'il est vrai que sa sphère d'action s'étend, et qu'elle sort même des classes industrielles pour entrer dans les classes agricoles.

Oui, il y a un mal des plus graves. C'est pour cela que nous vous avons proposé la loi ; et nous l'avons faite avec la ferme intention de l'appliquer.

Le gouvernement possède actuellement une force matérielle assez grande pour vaincre toutes les résistances. Je ne crains nulle part des désordres matériels. Je ne crois pas que les partis songent à tenter quelque chose ; et s'ils l'essayaient, je réponds qu'ils seraient écrasés à l'instant même.

Mais la lutte contre l'Internationale sera certainement une entreprise longue, difficile. Je considère comme un devoir de conscience pour tous les amis de l'ordre social en Europe de tenter cette lutte. Nous commençons, pour notre part, en proposant la loi qui vous est soumise. Nous verrons si l'application donnera les résultats que nous espérons.

M. LE PRÉSIDENT. — Nous vous remercions, monsieur le Chef du Pouvoir exécutif, de votre projet de loi ; nous nous proposions nous-mêmes d'en soumettre un à peu près semblable à l'Assemblée.

M. LE CHEF DU POUVOIR EXÉCUTIF. — Cette loi n'est, d'ailleurs, que le point de départ d'une série de mesures que nous vous demanderons de nous autoriser à prendre, si la nécessité l'exige.

Ceci dit, je commence mon récit.

Quand l'Assemblée nationale m'a fait l'honneur de me confier le pouvoir, je me suis trouvé en face de deux grands périls : d'une part, la guerre étrangère, qu'il fallait finir par la paix, et par une paix nécessairement très douloureuse : d'autre part, l'insurrection de Paris.

L'insurrection de Paris n'avait pas encore le caractère qu'elle a pris depuis ; mais, même à cette époque, je ne doutais pas un instant que ce ne fût une très grosse affaire que de venir à bout de Paris dans l'état où il se trouvait. Je ne mis pas en doute que nous aurions un combat terrible à livrer. Cependant j'acceptai le pouvoir que me confiait l'Assemblée, ayant ces deux gros soucis qui m'empêchaient presque de goûter aucun repos.

J'avais refusé de participer à la révolution du 4 septembre, et je n'avais consenti à prendre aux événements une part, d'ailleurs fort restreinte, que pour dénouer la situation d'une façon légale.

La majorité du Corps législatif, comprenant que c'en était fait de l'Empire, nous disait : « Il faut éviter une révolution nouvelle ; notre honneur ne nous permet pas de voter la déchéance, mais nous ne demandons pas mieux qu'on nous fournisse le moyen de la prononcer effectivement sans employer le mot. » C'est alors que je rédigeai la proposition que vous connaissez, et qui allait être accueillie, lorsque l'insurrection nous surprit, trouva l'Assemblée à peu près abandonnée, et en profita.

On voulut me mettre à la tête de cette révolution; je m'y refusai obstinément. Je fus près d'un quart d'heure président du Corps législatif; et j'en ai vu, pour ma part, l'envahissement avec beaucoup de chagrin et de regret.

Je rentrai chez moi, et je résolus de n'en plus sortir.

Bien décidé à rester dans Paris pendant le siége, je songeai à me procurer des moyens d'étude, lorsque le gouvernement de la Défense nationale vint me prier instamment, après un vote unanime, de vouloir bien me rendre en Angleterre et auprès des diverses cours de l'Europe, pour rétablir les relations de la France avec les divers cabinets.

Je me défendis beaucoup contre cette proposition; mais, en définitive, je vis que j'avais là un grand service à rendre à mon pays. Je considérai que la forme du gouvernement n'était qu'une question secondaire, et que l'important, c'était de ménager à la France de bonnes relations avec l'Europe, dans un moment aussi grave et aussi terrible.

Cette considération me décida.

En même temps, d'ailleurs, je recevais des lettres de Londres qui me faisaient espérer beaucoup de bonne volonté pour la France; je me résolus donc à partir.

Je le répète, la mission que j'allais entreprendre m'était proposée avec de vives instances par tous les membres du gouvernement, sans en excepter M. de Rochefort, qui me fit parvenir l'expression de ses sentiments par l'intermédiaire de M. Jules Favre.

J'arrivai en Angleterre ; j'y trouvai, en effet, de l'intérêt pour la France, mais aussi la plus grande circonspection ; et je vis par une certaine inquiétude que causait dans la sphère gouvernementale mon projet de voyage en Russie, que si je parvenais à exciter à Saint-Pétersbourg un intérêt un peu plus actif, je parviendrais peut-être à faire sortir l'Angleterre de son impassibilité.

Je partis donc pour Saint Pétersbourg. Je trouvai chez l'empereur une très grande bienveillance envers la France. Mais évidemment il avait des liens avec la Prusse. On a dit beaucoup de choses à ce propos. Y avait-il ou non un traité entre les deux gouvernements ? Je ne le sais pas ; mais certainement il y avait des liens entre l'oncle et le neveu, entre l'empereur de Russie et le roi de Prusse ; néanmoins la société russe était très animée en faveur de la France et témoignait de ses vives sympathies pour nous par les manifestations les plus frappantes. L'empereur était beaucoup plus contenu ; il me disait : « Je ne ferai pas la guerre pour vous ; mais soyez convaincu que je vous aiderai de toute mon influence. »

Je restai quelque temps à Saint-Pétersbourg. Malgré les manifestations de la société russe, j'apercevais cependant une extrême réserve chez les membres du gouvernement. Tout à coup je vis les visages changer ; on me dit : « Il y a moyen de faire la paix ; allez à Versailles ; les affaires peuvent s'arranger. » J'avais connu M. de Bismarck à une époque antérieure ; j'avais l'honneur de connaître le roi de Prusse ; je pouvais donc espérer de trouver auprès du souverain et du ministre certaines facilités de relations.

Je remonte jusque-là pour bien vous exposer comment j'ai vu l'état de Paris à cette époque, et comment mon appréciation de cet état s'est liée avec ce qui a suivi. Cependant je dis au prince Gortschakoff, que je connais depuis plus de vingt ans : « Comment voulez-vous que j'aille à Versailles ? J'ai des pouvoirs absolus s'il s'agit de former des alliances ; mais je n'en ai pas quant aux conditions de la paix. Vous me proposez une chose impossible. — Il faut agir en bon citoyen, me répondit le prince de Gortschakoff ; vous pouvez conclure une paix supportable aujourd'hui.

— Sans doute, répliquai-je, mais pas celle que je voudrais. Je voudrais que la France fût intacte... Mais quand bien même je signerais la paix à Versailles, si je n'avais pas reçu de pouvoirs du gouvernement que je représente, je n'aurais rien fait. »

A cela le chancelier russe me répondit : « Soit ; il faut que vous passiez par Paris. L'empereur va écrire à son oncle, et il lui demandera de vous y laisser entrer pour obtenir les pouvoirs dont vous avez besoin. » Les choses furent entendues ainsi. Cependant je dis au prince Gortschakoff : « Ne faites cette démarche que lorsque je vous le demanderai par le télégraphe ; car auparavant il faut que j'aille à Vienne et à Florence. »

Il fut convenu entre le prince Gortschakoff et moi que, d'après ce que je verrais à Vienne et à Florence, si je pouvais espérer y trouver assez d'appui pour qu'une démarche collective eût des résultats, j'en avertirais le cabinet de Saint-Pétersbourg.

Je me rendis à Vienne, où je ne dis rien de ce qui s'était passé entre le cabinet russe et moi ; et là je trouvai beaucoup de sympathies pour la France, mais l'impossibilité d'agir dans le moment d'une manière efficace.

A Florence, le roi se montra désireux de faire quelque chose.

Il exigea que les ministres se réunissent ; il convoqua ses généraux pour que je leur exposasse mes idées. L'armée d'Italie était bonne, elle est bonne encore. Elle formait un effectif de deux cent cinquante mille hommes, dont on pouvait tirer cent mille bons soldats pour leur faire passer les Alpes. Je dis aux généraux italiens : « Portez-vous sur Lyon par le mont Cenis; vous serez appuyé là sur une place très forte; vous pourrez ensuite remonter la Saône, si vous voulez nous être vraiment utiles. Ce sera là une diversion qui ne présentera pas de grands dangers pour votre armée, et qui permettra peut-être à l'armée de Metz de se dégager. » Le roi était de cet avis, les généraux trouvaient qu'il n'y avait pas, en effet, grand danger à tenter cette opération; mais le gouvernement ne voulut pas en entendre parler. J'eus des discussions extrêmement vives; tout fut inutile. Les ministres manifestaient un intérêt réel pour la France, mais une crainte extrême de se compromettre vis-à-vis de la Prusse.

Quand j'arrivai à Tours, les Anglais ne savaient pas ce qui s'était passé à Saint-Pétersbourg; mais ils ne voulaient pas rester en arrière de ce que la Russie ferait pour nous. Sur-le-champ, il fut convenu qu'il y aurait une démarche commune de la part des neutres.

Je fis jouer le télégraphe à Saint-Pétersbourg, et la situation se posa ainsi : c'est que je serais chargé de la part des neutres de proposer un armistice pour négocier un rapprochement entre la France et la Prusse, mais que je ne ferais cela qu'après avoir passé par Paris.

Ainsi c'est la Russie qui a donné le signal des démarches en notre faveur; l'Angleterre ne voulut pas se laisser dépasser, et c'est alors que se forma cette espèce d'alliance des neutres pour tâcher de rétablir la paix.

Le roi de Prusse et M. de Bismarck répondirent qu'ils étaient prêts à me recevoir, et qu'ils consentaient à me laisser pénétrer dans Paris, mais à la condition que je passerais par Versailles. Cette obligation de traverser Versailles, avant d'avoir communiqué avec Paris, me gênait fort, car j'aurais voulu, avant tout, avoir obtenu les pouvoirs du gouvernement que je représentais et qui était alors celui de la France. Il s'ensuivit quelques débats. Enfin la Prusse finit par consentir. Seulement on me dit qu'il était impossible d'aller à Paris sans passer par Versailles, que tous les moyens étaient préparés entre Paris et Versailles pour faciliter l'entrée dans la place, que cela ne pouvait se faire qu'avec des précautions infinies, et que de tout autre côté les difficultés seraient extrêmes. Je fus traité avec beaucoup d'égards. On voulait, disait-on, me laisser toute liberté dans mes communications; on ne me demanda pas si je portais des lettres ; mais je voyais bien que j'étais l'objet d'une surveillance très attentive.

Je fis mon voyage avec beaucoup de difficultés. On se battait avec acharnement autour d'Orléans, il n'y avait plus de chemins de fer, plus de chevaux de poste ; on dételait des pièces de canon et on attelait des chevaux d'artillerie à ma voiture, et c'est ainsi que j'arrivai à Versailles. J'y trouvai M. de

Bismarck, qui m'attendait ; je lui dis : « Je ne puis vous parler que pour vous dire que je ne puis pas vous parler. » Il me répondit : « Je vous donne deux officiers qui vous précéderont, et s'il vous arrivait malheur, car chaque lettre me coûte un homme, vous ne mourriez pas de la main des Allemands. »

Nous arrivâmes aux avant-postes. On y tirait avec tant de continuité, qu'il ne fut pas aisé pour les parlementaires de se faire reconnaître. Nous trouvâmes sur le rivage de la Seine deux petites barques. M. de Bismarck, en me remettant aux mains des officiers qui m'accompagnaient, m'avait dit : « Ces messieurs seront à votre disposition. Je crois qu'il vous faudra bien des jours avant de persuader les hommes qui gouvernent, mais enfin les officiers qui sont chargés de vous accompagner seront là, et ils vous attendront jusqu'à ce que vous puissiez sortir, et que vous leur donniez le signal de venir vous reprendre. »

Je traversai la Seine. Je dis à ces officiers : « Attendez-moi tous les jours à quatre heures. C'est l'heure où je tâcherai de sortir de Paris, si j'ai des pouvoirs pour me rendre au quartier général allemand. »

J'étais dans les lignes françaises. Je fus conduit au quartier général français, qui était installé dans l'hôtel de M. de Rothschild, au bois de Boulogne, que je trouvai dans un état effroyable. De là, je me rendis immédiatement au ministère des affaires étrangères. Je voulais renseigner tout de suite les membres du gouvernement sur la situation de l'Europe, dont ils ne savaient rien. Ils ignoraient que Metz venait de se rendre, et je les pressai de traiter de la paix.

J'entre dans ces détails pour vous faire comprendre l'état dans lequel je trouvai Paris. Quand j'annonçai à M. Jules Favre la reddition de Metz, il fut consterné.

Cette nouvelle produisit dans Paris un effet extraordinaire ; on y vivait d'illusions, l'émotion fut proportionnée à cette cruelle surprise. Cependant, à ce moment-là, aucun danger personnel ne semblait menacer ni moi ni d'autres. Le lendemain, ce fut autre chose. Je demandai que le gouvernement s'assemblât la nuit même. Les hommes modérés étaient encore dans Paris ; ils n'en sont sortis qu'après la capitulation, et les furieux n'en étaient jamais sortis. La nouvelle de la reddition de Metz et celle de mon arrivée avaient surpris à la fois les Parisiens ; la masse de la population voulait la paix : les furieux poussaient des cris, proféraient des menaces. Je restai là vingt-quatre heures, et je trouvai le gouvernement convaincu que ce qu'il y avait de mieux à faire, c'était de négocier un armistice ; car on ne pouvait conclure la paix d'un seul coup, et il fallait commencer par une suspension d'armes. On me donna des pouvoirs limités, mais suffisants. Le gouvernement réclamait le droit pour la capitale assiégée de recevoir des vivres pendant la durée de l'armistice, et proportionnellement à cette durée, ainsi que cela se pratique d'ordinaire pour les villes assiégées pendant les suspensions d'armes. Les journaux de l'Europe s'étaient déjà occupés de cette question, et j'acceptai de prendre cette condition pour base, parce qu'elle est généralement admise dans les négociations de ce genre. Le lendemain matin, on vint me dire que l'agitation augmentait dans Paris par suite de la nouvelle de la reddition de Metz, et du bruit qui s'était répandu que le gouvernement songeait à traiter. Nous avions passé la nuit à délibérer, et mes pouvoirs avaient été déterminés. Le général Trochu devait venir me prendre et me reconduire lui-même aux avant-postes. J'étais bien heureux d'en avoir fini dans les vingt-quatre heures, pour prouver aux Prussiens que le gouvernement français était plus en mesure qu'on ne le supposait de prendre des résolutions sérieuses et raisonnables.

Cependant, vers midi, le général Trochu me fit dire que l'agitation était si grande qu'il ne pouvait venir me rejoindre, mais que les pouvoirs qu'on m'avait donnés étaient maintenus, et que je pouvais partir. Je me hâtai de le faire, parce que je craignais qu'on ne modifiât ces pouvoirs, et qu'on ne rendît ainsi l'armistice plus difficile.

Jusque-là je ne croyais pas que la journée du 31 octobre fût très redoutable, parce que la force du gouvernement était réellement considérable. On l'accusait de se faire l'allié des Prussiens ; je croyais, par l'effet de ces absurdes imputations, à quelque trouble possible, à quelque tentative d'émeute ; mais je ne croyais pas, je l'avoue, à cette journée qui eut une si fatale influence sur la situation. Je partis à deux heures, et je me rendis escorté par une troupe à cheval sur les bords de la Seine, à l'endroit où j'avais donné rendez-vous aux officiers prussiens. J'y arrivai à quatre heures de l'après-midi. Comme l'éveil était donné, au premier coup de trompette, les Prussiens parurent. Je montai dans la barque qui servait aux passages, et quelques instants après j'étais à Versailles.

M. de Bismarck fut très étonné. Il m'envoya un de ses officiers me féliciter de ce que je m'étais tiré si vite, et avec si peu de danger, de mon voyage.

Les négociations seraient trop longues à vous raconter. Ce qui est certain, c'est que le gouvernement prussien était alors assez enclin à traiter, et je suis convaincu qu'on aurait pu en obtenir des conditions moins malheureuses que celles qu'il nous a imposées plus tard. Il était assez disposé à nous concéder des vivres, mais moins que nous n'en demandions. Je m'étais assuré à peu près de la quantité que Paris en possédait encore. Mais il y avait un point sur lequel le gouvernement français ne pouvait avoir de renseignements précis, c'était l'importance des approvisionnements qui existaient dans les familles, et qui formaient une masse assez considérable.

Je demandai des vivres à peu près pour un mois. M. de Bismarck me répondit : « Vous me faites une demande un peu exagérée ; on en est à la demi-ration dans Paris, et vous me demandez un mois à ration entière. »

« Enfin, me dit-il, je suis prêt à accorder cela ; le roi y consentirait ; mais les militaires considèrent l'armistice comme désavantageux pour nous. » Il ajouta : « Vous demandez plus que vous ne comptez obtenir, et sans doute vous ne m'avez pas dit votre dernier mot. » Je lui répondis : « Non, ce n'est pas mon dernier mot, quant aux quantités. — Eh bien, me répliqua le ministre prussien, préparez une rédaction pour que nous puissions discuter sur quelque chose de précis. » Je fis la rédaction et la présentai au ministre prussien. Le comte de Bismarck est un homme très supérieur, mais il dissimule rarement, et je suis persuadé qu'à ce moment-là il était sincère. Quand la rédaction fut prête, je la montrai à M. de Bismarck. C'était ici, à Versailles, dans la rue de Provence, où il habitait, que se passait cette négociation, Il ne contesta sérieusement que les quantités de vivres demandés, et en me laissant voir que sur ce point on pouvait s'entendre.

Je le revis, le lendemain, très agité. Il m'aborda par ces mots : « Avez-vous des nouvelles de Paris ? »

Les communications étaient très difficiles, on tirait à outrance aux avant-postes, et d'ailleurs on ne permettait à personne de passer ; nous ne savions rien du tout. « Il y a eu, me dit M. de Bismarck, une révolution à Paris. — Oh ! répondis-je, ce n'est pas possible ; il peut y avoir eu un mouvement, mais la garde nationale l'aura certainement comprimé. — Cet incident, me dit M. de Bismarck, est venu bien mal à propos, le roi n'espère plus de conciliation, on assure que le gouvernement de la Défense est renversé. — En ce cas, dis-je, je n'ai plus de pouvoirs, et il ne me reste plus qu'à me retirer. Cependant, avant de prendre un parti, il faut savoir ce qu'il en est. Je puis envoyer l'un de mes secrétaires à Paris ; vous le ferez accompagner par les officiers qui sont venus avec moi. » Cette proposition fut acceptée ; mon secrétaire partit ; les officiers qui l'accompagnèrent n'étaient plus les mêmes, on en changeait tous les jours. Mais c'étaient comme précédemment des jeunes gens très distingués, très courtois. J'attendis jusqu'à minuit. A minuit, mon envoyé revint ; il apportait des journaux, il me raconta les événements qui avaient eu lieu le jour même où j'étais sorti de Paris, c'est-à-dire le 31 octobre. On avait réprimé le mouvement, le gouvernement était resté le maître ; mais la situation était entièrement changée, et je compris que je ne pourrais plus obtenir les mêmes conditions.

Je demandai au comte de Bismarck ce qu'il en pensait. « Ce que j'en pense, me dit-il, c'est que le roi inclinait à l'armistice malgré les militaires, espérant que ce serait là un moyen de calmer les passions ; mais maintenant ses dispositions sont complétement changées. Il m'a dit : « Vous voyez, j'allais faire un « sacrifice très grand, j'allais concéder trente jours « de vivres, qui en réalité auraient peut-être valu « deux mois de subsistance aux assiégés ; et ce sacri- « fice eût été inutile, la paix n'eût pas été plus faci- « lement conclue dans deux mois qu'aujourd'hui. » — Quand M. de Bismarck me parlait de l'opinion des militaires, je savais bien de qui il voulait parler ; au fond, il s'agissait d'un seul homme, à qui de grands services ont valu une influence considérable et méritée.

Alors nous aboutîmes à cette idée que la paix serait plus facile à conclure qu'un armistice. Nous en débattîmes très longuement les conditions possibles. Je proposai de retourner à Paris pour conférer avec le gouvernement de la paix elle-même. Le comte me dit : « Il ne faut pas vous dissimuler qu'il est bien dangereux pour vous de rentrer dans Paris, au milieu de l'exaltation qui y règne. » Et, en effet, on m'y accusait de venir conseiller au gouvernement un acte d'une insigne faiblesse. Je ne tins aucun compte de ces observations et je résolus de rentrer dans Paris. Je convins avec certains membres du gouvernement de nous réunir dans un petit poste ruiné au milieu du bois de Boulogne ; je m'y rendis. Là il devint évident pour moi que la paix était impossible, et que la journée du 31 octobre avait singulièrement aggravé la situation, parce qu'elle avait surexcité, au delà de toute expression, cette classe d'exaltés que le siége avait fait naître dans Paris. Ils avaient par le fait pris le dessus ; l'idée de la résistance irréfléchie, à outrance, à partir de ce moment-là, s'était emparée d'une grande partie de la population, et il devint certain qu'on ne pourrait plus conclure la paix que très tard, et à des conditions terriblement onéreuses.

Quand je ressortis de Paris, je retournai à l'état-major de Versailles, et je fis part à M. de Bismarck de ce qui venait de se passer.

Il en eut beaucoup de regrets. « Que voulez-vous? me dit-il ; cette malheureuse journée du 31 octobre a tout perdu ! Ce siége, vous le verrez, finira par des scènes terribles. » Je lui répondis que je partais avec une profonde douleur. J'étais, en effet, très préoccupé de cette idée que Paris, après s'être honorablement défendu, serait obligé de se rendre à discrétion, si on ne profitait pas d'une occasion comme celle qu'on venait de laisser échapper, et qu'on aurait une peine infinie à faire déposer les armes à une population follement excitée.

Il y avait eu quelques jours de suspension d'armes. Il avait été convenu qu'on ne se battrait pas pendant que je négocierais à Versailles. Les hostilités furent reprises, et je fus reconduit à Orléans par des officiers prussiens. Il devenait très difficile de franchir les avant-postes, parce qu'on se battait à quelques lieues d'Orléans. Le général allemand qui commandait là, M. de Thann, fut très obligeant, et je parvins à traverser les lignes sans péril. J'arrivai à Tours, j'y trouvai tout le monde dans l'anxiété. J'étais chargé des dépêches pour le gouvernement de Tours. Elles étaient dans un très bon esprit, et même un peu sévères.

Le gouvernement de Paris m'avait fortement engagé à rester à Tours, pour tâcher de donner aux membres de la délégation des conseils fondés sur la connaissance que j'avais acquise de la situation, en courant l'Europe, et en passant plusieurs fois du camp français au camp prussien.

Je fis, pour ramener les esprits au sentiment de la vérité, des efforts assez grands pour me compromettre ; car on peut se rappeler que les derniers jours à Bordeaux furent très difficiles, et M. Jules Simon, lui-même, se trouva un moment en péril. Je disais aux représentants de l'armée et de la diplomatie qui se trouvaient à Tours : « Il faut conclure la paix. La résistance n'est plus possible, vous ne ferez rien qui vaille en vous obstinant. La position d'Orléans n'est pas tenable, vous serez tournés, ou emportés de vive force, et votre ligne sera coupée. » Malheureusement, ce que j'avais prévu pour le commencement de la guerre, je le prévoyais pour la fin, et j'ai le regret d'avoir eu raison deux fois.

Les quelques jours qui s'écoulèrent à Bordeaux, où l'on s'était retiré après l'abandon de Tours, furent des plus difficiles. M. Jules Simon fut envoyé de Paris à Bordeaux après l'armistice. Le sentiment que nous éprouvâmes tous, en apprenant qu'on avait eu le courage de mettre un terme à une situation qui ne pouvait finir que par un désastre, fut un sentiment d'admiration pour le dévouement civique de M. Jules Favre en cette cruelle circonstance.

Il avait eu, en effet, le courage de signer l'armistice, et de rester à Paris dans l'état où était cette ville. Les élections générales eurent lieu ; vous en connaissez le résultat.

Quand je fus chargé des affaires, j'eus immédiatement cette double préoccupation : conclure la paix, et soumettre Paris.

Je revins à Paris, et je me rendis au quartier général prussien, où siégeait M. de Bismarck. Il m'accueillait d'abord avec la bienveillance qu'il m'avait déjà montrée ; mais bientôt nos rapports s'altérèrent sensiblement. Pendant les discussions relatives à la paix, il fut d'une violence qui ne lui était pas habituelle, et je dois avouer que, de mon côté, je ne me contins guère. Le dernier jour seulement, me voyant désolé de la signature que j'étais obligé de donner, il me prit la main en me disant : « Je comprends et j'honore votre chagrin : je suis ministre de Prusse, vous êtes ministre de France ; j'ai dû faire ce que j'ai fait. »

La nouvelle de la paix fut bien reçue par les gens tranquilles ; mais les autres étaient dans un état d'exaltation extraordinaire. On me prévint même que je serais enlevé, si je rentrais dans Paris. Je ne craignais pas cela. Il est vrai néanmoins qu'il n'y avait dans la ville que 18,000 hommes, et ce n'était pas assez pour contenir le nombre des furieux. On m'avait conseillé de sortir par la route de Versailles, afin d'éviter la gare d'Orléans, qui était fort menacée. Je répondis que je ne voulais pas chercher chez les Prussiens un refuge contre les Parisiens. J'arrivai à Paris tout simplement pour me rendre à la gare d'Orléans, où l'on avait, par ordre, réuni quelques gardes municipaux. Près de la Bastille, stationnait une foule énorme qui poussait des cris de rage. J'avais suivi les boulevards extérieurs. J'arrivai sans accident à la gare d'Orléans. Il y avait là cinquante gardes municipaux décidés à faire leur devoir. Nous pûmes entendre près de nous les cris des furieux ; mais nous ne fîmes que les entendre ; nous partîmes.

J'arrivai à Bordeaux. Ce qui se passa alors fut très pénible pour tout le monde. Je regardais la paix que nous venions de conclure comme la plus grande de nos douleurs, mais non comme la plus grande de nos difficultés ; tous les membres de l'Assemblée étaient convaincus qu'on ne pouvait pas faire autrement. Mais je me disais : « Que va-t-il arriver de Paris ? »

Une chose avait été très débattue entre le roi de Prusse, M. de Bismarck et moi : c'était l'entrée de l'armée prussienne dans Paris. Cette entrée était pour notre patriotisme un coup douloureux. Je disais à mes interlocuteurs : « Je ne puis consentir à une telle exigence. Réfléchissez-y bien : si vous voulez entrer dans Paris, la population élèvera des barricades de toutes parts ; il vous faudra les enlever, et Dieu sait ce qui en arrivera. — Nous en viendrons à bout, répondait M. de Bismarck. — Ce ne sera pas aussi aisé que vous le croyez, lui répliquai-je ; mais il y aura combat, et Paris pourrait être dévasté. Pour nous ce serait un malheur, mais pour vous une honte éternelle. »

Le dernier jour, alors que j'avais réussi, après des efforts inouïs, à conserver Belfort à la France, le roi vint me dire : « Si vous voulez abandonner Belfort, nous n'entrerons pas dans Paris. » Je répondis sans hésiter : « Non, non, plutôt que de perdre nos frontières, j'aime mieux toutes les humiliations qu'il vous plaira de nous infliger ; entrez-y si vous le voulez, mais je garde Belfort. »

Je le répète : les Prussiens avaient grande appréhension de leur entrée dans Paris ; mais ils étaient piqués d'honneur. Le roi de Prusse disait : « Je ne veux pas humilier les Parisiens, ce n'est pas mon intention ; mais devant toute l'Europe, on a prétendu que j'avais peur d'un coup de fusil ! et jamais je ne reculerai devant un danger. » Pour moi, je craignais, en effet, que ce coup de fusil ne fût tiré, et s'il l'eût été, quels flots de sang n'auraient pas coulé ! Il fut alors convenu que les Prussiens ne sortiraient pas des Champs-Élysées. Cette précaution me rassurait dans une certaine mesure. Ils ne devaient rester dans le champ de Mars et aux Champs-Élysées que 24 ou 48 heures, juste le temps de la ratification du traité. C'est pour cela que nous pressâmes tant la ratification ; nous savions que, cela fait, les Allemands sortiraient de la capitale.

Les Prussiens sont venus dans les Champs-Élysées ; mais ils y sont demeurés enfermés, et ils ne se sont pas montrés au delà de la place Louis XV. Cette entrée des Prussiens dans Paris a été une des causes principales de l'insurrection. Je ne dis pas que, sans cette circonstance, le mouvement ne se serait pas produit ; mais je soutiens que cette entrée des Prussiens lui a donné une impulsion extraordinaire.

Dès que la ratification arriva, les Prussiens sortirent de Paris, mécontents de cette apparition si courte, qui, aux yeux de l'Europe, ne prouvait qu'une chose, c'est que le roi Guillaume, qui est un brave soldat, ne craignait pas un coup de fusil. Mais au fond, les 24 heures passées dans les Champs-Élysées ne leur avaient pas valu beaucoup de gloire et nous avaient valu à nous beaucoup de mal.

Cependant, je le répète, cette circonstance a donné un grand élan au mouvement qui s'est produit dans Paris, dont la situation était la suivante : deux ou trois cent mille individus avaient passé plusieurs mois à ne rien faire, ou à porter un fusil dont ils ne se servaient pas beaucoup ; ils vivaient des secours de l'administration municipale de Paris, et ils trouvaient cette vie assez commode. Il y avait, à côté d'eux, les révolutionnaires, les imitateurs de 1793, qui se disaient qu'en 1848 ils avaient été trop doux, que cette fois il fallait qu'ils se comportassent autrement. Il y avait encore l'Internationale, qui jouait sa partie. Tout cela constituait une force formidable. D'autre part, les portes de Paris avaient été ouvertes, et tous les honnêtes gens qui, pendant le siège, s'étaient conduits d'une manière très patriotique, étaient allés voir leurs familles et respirer un autre air. La partie de la garde nationale composée de braves citoyens qui contenaient le désordre avait disparu ; il ne restait plus que la mauvaise partie, les oisifs, dont j'ai parlé. En outre, depuis la signature de l'armistice, quelques hommes de l'armée avaient fraternisé avec la mauvaise partie de la population ; il avait même fallu faire sortir un certain nombre de soldats.

Aussitôt après la signature de la paix, je vis que nous aurions une lutte terrible à soutenir contre ces gens de toute sorte accumulés dans Paris. Pendant qu'à Bordeaux nous nous occupions de faire voter le traité, le ministre de la guerre, le général Le Flô, reçut l'ordre d'acheminer les troupes sur la capitale. On m'écrivait tous les jours : « Il n'est pas possible à la distance où vous êtes de livrer bataille à cette foule furieuse ;l'Assemblée est trop loin à Bordeaux, il faut la rapprocher de Paris. »

Je n'eus jamais l'idée de faire rentrer immédiatement l'Assemblée dans Paris. A ceux qui étaient d'avis de l'y ramener sur-le-champ, et ils étaient nombreux, je répondais : « Non ! tant que Paris sera dans cet état, je ne proposerai pas à l'Assemblée d'y revenir, parce que je prévois des événements redoutables. Seulement, je lui donnerai le conseil de s'en rapprocher autant que possible. » Plus les symptômes d'une inévitable journée se révélaient à moi par les correspondances que je recevais, plus j'étais convaincu qu'il fallait se transporter au milieu même des événements, et en y exposant le gouvernement, ce qui était inévitable, se bien garder d'y exposer l'Assemblée.

On m'avait parlé de Fontainebleau comme d'une

ville où l'Assemblée nationale pourrait siéger en sûreté. Je fis observer que nous serions séparés par quinze lieues, et par toute l'épaisseur de Paris, de la position de Versailles, la seule vraiment militaire ; que si les réserves chargées de garder l'Assemblée étaient obligées de partir de Fontainebleau pour se rendre au lieu du combat, la distance serait bien grande, et la position des plus mauvaises, qu'il fallait aller à Versailles même, et de là tâcher de rester maître de Paris. Cet avis prévalut auprès de l'Assemblée, et nous vînmes en effet nous placer à Versailles.

C'est alors qu'eut lieu le premier acte de ce terrible drame du 18 mars, qui forme l'objet de votre enquête.

Je dis au général Le Flô que nous n'avions pas assez de troupes, et qu'il fallait réunir toutes celles dont nous pourrions disposer. La majeure partie de nos forces disponibles se composait de 15,000 hommes que nous avions fait venir de Bordeaux. Il y avait bien dans ce nombre quelques soldats qui avaient servi sur la Loire, mais qui étaient peu encouragés par les résultats de la campagne. Les marins étaient commandés par un brave officier, l'amiral Bruat. Cette troupe m'inspirait une véritable confiance. Le tout pouvait faire 15 ou 18,000 hommes. Bien que les transports fussent difficiles, je les fis diriger sur Paris, où, enfin, ils arrivèrent.

Malheureusement, c'était à peu près tout ce dont nous pouvions disposer.

Quand nous fûmes entrés dans Paris, nous avions les deux divisions du général Vinoy, et les 15 ou 18,000 hommes dont je viens de parler, plus quelques détachements qui portaient le tout à une quarantaine de mille hommes. Mais à ce moment arriva l'époque de la libération, et cette coïncidence nous priva d'une partie considérable de notre effectif; car si on les avait gardés après l'expiration de leur temps de service, on n'aurait eu dans les rangs que des mécontents. En définitive, au 18 mars, nous pouvions à peine disposer de 24 ou 25,000 combattants.

Les soldats du général Vinoy étaient fatigués et malheureux. Ils avaient cependant à leur tête un homme de sang-froid, de vigueur, qui les tenait bien et qui faisait du mieux qu'il pouvait. Il avait une réelle influence sur ses troupes. En somme, nous avions, je le répète, 24 ou 25,000 hommes disponibles.

Paris est grand, vous le savez. Pour agir sur un point quelconque, il fallait diriger sur ce point au moins 12 ou 15,000 hommes; il fallait en outre garder les bords de la Seine et une quantité de postes. Mon intention était d'attendre que nos forces fussent plus considérables; mais où prendre des troupes? Telle était la difficulté. Nous avions laissé Bordeaux presque sans défense. Partout ailleurs, il y avait une véritable désorganisation. Le lendemain de l'armistice de Paris, on s'était tiré d'affaire comme on avait pu. L'armée qui avait été envoyée vers l'Est, par suite d'une conception malheureuse, avait été rejetée en Suisse ; il n'y avait rien à prendre de ce côté. Nous ne savions où trouver les 40 ou 50,000 hommes qui nous auraient été nécessaires, car ce n'était qu'avec une force pareille qu'on pouvait tenir d'une manière solide dans Paris.

Nous étions, vous le voyez, dans une déplorable situation.

J'ai passé alors de cruels moments. Combien de temps faudrait-il attendre pour avoir une armée véritable ? Et ne pas agir dans la situation où étaient les esprits, avec les rumeurs et les bruits qui circulaient dans Paris, c'était se montrer faibles et impuissants. Nous vivions dans des transes continuelles, et nous ne pouvions pas venir à bout des misérables qui dominaient Paris.

On nous disait : « Ces gens-là ne sont pas aussi pervers que vous le supposez. Il y en a qui ne sont touchés que d'une chose, c'est que la république est en danger. Selon eux l'Assemblée est monarchiste et elle n'attend qu'une occasion pour renverser la république. C'est là ce qui les rend si dangereux. » Beaucoup de ces insurgés, en effet, croyaient tout ce qu'on leur disait du danger de la république, sans être pour cela précisément des communistes. Il y en a qui le sont devenus quelques semaines après, par l'ardeur de la lutte ; mais le plus grand nombre avait cette idée que la république était en péril.

Je disais à ceux qui m'étaient envoyés : « Je ne suis pas ce que vous appelez un républicain, je suis un ancien monarchiste. Mais j'ai reçu la république en dépôt ; et je garderai fidèlement ce dépôt. Vous calomniez l'Assemblée quand vous la croyez disposée à renverser la république ; il n'y a rien de semblable ; et, dans tous les cas, je vous assure que je n'y contribuerai point. » Les hommes qui s'adressaient à moi savaient que j'étais incapable de donner ma parole sans la tenir. J'avais donc un certain crédit auprès d'eux.

On me disait encore : « Il faudrait parlementer avec les plus modérés de ces hommes qui semblent prêts à s'insurger ; il y en a une partie que vous toucheriez si vous les rassuriez sur le sort de la république. » A cela, je répondais que j'étais prêt à les détromper si leurs craintes étaient sincères.

J'en vis une quantité que je ne connaissais pas. Ils me déclarèrent, après les explications que je leur donnai : « Eh bien, on vous rendra les canons.— Oh ! leur disais-je, si on rend les canons, la paix sera bientôt rétablie. »

Il y avait 2,000 bouches à feu qui étaient en batterie sur les murailles de Paris. Ces canons n'étaient pas alors ce qu'il y avait de plus dangereux pour nous. Mais il était resté dans Paris à peu près 250 autres bouches à feu de campagne, et ce sont celles qu'on me promettait de me rendre. Plusieurs fois on me les promit ainsi, mais on ne me les donna point.

Voici ce qui se passa au sujet de ces canons, et c'est ici que mon récit se rattache à l'entrée des Prussiens dans Paris, entrée qui a été le prétexte principal du mouvement.

Il y avait eu abandon complet des rangs de la garde nationale par tous les gens d'ordre, qui ne se doutaient pas qu'ils livraient ainsi Paris à un mauvais destin, et qu'après les épreuves que Paris avait déjà souffertes, ils lui en préparaient de nouvelles. Le brave général d'Aurelle de Paladines, que je leur avais envoyé comme commandant en chef de la garde nationale, s'aperçut bientôt à l'état-major d'une chose singulière, c'est que les bataillons de service obéissaient à une autorité autre que la sienne. La police était occupée à tâcher de saisir le mystère de ce qui se passait ; mais elle ne parvint à savoir qu'une chose, c'est qu'une entente existait parmi certains bataillons de la garde nationale qui étaient justement les plus mauvais. Cette entente s'était établie au moyen d'un comité central, dont vous avez entendu parler, et c'est ce comité qui commandait. Le général d'Aurelle de Paladines n'était plus écouté ; la garde nationale n'existait plus que comme armée ennemie.

Voici comment l'entrée des Prussiens dans Paris avait contribué à ce résultat.

On avait dit à tous ces gens. qui sont devenus si mauvais par l'ardeur de la lutte, mais qui n'étaient pas aussi mauvais à l'origine, on leur avait dit : « Les Prussiens arrivent, ils vont saccager Paris, ils vont le mettre à feu et à sang ! » Les Prussiens, messieurs, n'avaient pas cette intention ; ils avaient cédé à un point d'honneur. On leur avait reproché d'avoir peur des Parisiens ; et c'est pourquoi ils avaient tenu à entrer dans leurs murs. Mais ils étaient résolus à se conduire sagement.

Dans ces circonstances, on dit aux Parisiens : « Le gouvernement s'est trompé en laissant entrer les troupes allemandes dans Paris ; mais quant à nous, il faut nous défendre. » Alors, on leur fit faire une chose, qui, de la part de quelques-uns, était une perfidie, et, de la part des autres, un acte tout naturel. Il y avait au parc Monceaux beaucoup d'artillerie : il faut la ramener dans Paris, leur dit-on, de peur que les Prussiens ne la prennent. » Ils la ramenèrent, en effet, sur les hauteurs de Montmartre, et à partir de ce moment, le comité central commanda en maître.

L'opinion générale voulait absolument qu'on reprît les canons. On entra en pourparlers avec ceux qui les avaient pris. Je ne connaissais pas les hommes avec lesquels il s'agissait de traiter, et cependant on alla vers eux. Une première fois, ils répondirent qu'il y avait eu méprise, malentendu, et qu'ils étaient prêts à nous restituer cette artillerie de campagne. D'autres ne voulaient pas la rendre. Il se passait là ce qui s'est passé plus tard pour le général Chanzy : il y en avait qui voulaient le fusiller, et d'autres qui voulaient le sauver. Je ne dis pas qu'il y eût mauvaise foi ; mais quand on se présentait en notre nom pour reprendre les canons, on répondait à ceux que nous envoyons : *Oui* ; puis un instant après, on répondait : *Non.*

Cependant au même moment, beaucoup de personnes, s'occupant de la question financière, disaient qu'il fallait songer enfin à payer les Prussiens. Les gens d'affaires allaient répétant partout : « Vous ne ferez jamais d'opérations financières, si vous n'en finissez pas avec tous ces scélérats, si vous ne leur enlevez pas les canons. Il faut en finir et alors on pourra traiter d'affaires. » L'idée qu'il fallait enlever les canons était en effet dominante, et il était difficile d'y résister.

Trois ou quatre fois on renouvela cette comédie entre ceux qui détenaient les canons, et ceux que nous envoyions pour les chercher. Une dernière fois, il y eut une telle apparence de bonne foi dans ceux qui faisaient des promesses de soumission, que je crus au succès. On se présenta de notre part à la place Royale ; on y arriva avec des attelages. Mais le parti violent, qui, évidemment, l'avait emporté dans la nuit, se comporta aussez brutalement, et il dit à nos envoyés : « Que venez-vous faire ici ? » Il renvoya nos attelages et nos officiers.

Ce dernier incident avait eu une grande publicité. On avait agi si ostensiblement, si arrogamment, que moi, qui hésitais à livrer le combat, je sentis qu'il n'y avait plus moyen de reculer, et qu'il fallait, à tout prix, essayer d'enlever cette artillerie. Nous délibérâmes donc. Une grande agitation régnait dans Paris ; il y avait l'agitation des bons et l'agitation des méchants. Les premiers disaient : « On ne peut pas supporter un outrage pareil ! » Les seconds : « Il faut résister et conserver nos canons. »

Je demandai si l'on pouvait compter quelque peu sur la garde nationale. Le général d'Aurelle de Paladines répondit : « Quand nous appelons la garde nationale, il n'arrive que les mauvais bataillons, lesquels n'obéissent pas. » Et, en effet, il était déjà sorti de Paris 100,000 individus peut-être ; et c'étaient les meilleurs.

Cependant l'opinion s'était universellement prononcée dans le sens d'une action immédiate.

On comprend qu'alors on pût déjà se dire que si on ne réussissait pas, il faudrait sortir de Paris, mais qu'auparavant il fallait tenter le combat et enlever les canons à tout prix. Nous étions à l'un de ces jours où il faut tout risquer, où il faut marcher en avant, coûte que coûte. Le général Vinoy, que je consultai, me répondit : « Nous avons bien peu de monde. Enlever les positions n'est pas impossible. Ordonnez, je suis soldat et j'obéirai. Nous délibérâmes en conseil. J'avais le sentiment que c'était une résolution redoutable que nous prenions, et dont le succès était douteux. Mais enfin, ne pas tenter quelque chose était impossible.

Je dis au général Vinoy : « Il ne faut pas faire cela en présence de tout Paris assemblé, mais de grand matin. Nous ferons sortir les troupes à trois heures, pour qu'à cinq heures elles soient au pied des hauteurs, et qu'elles puissent les enlever avec vigueur, coûte que coûte, atteler ensuite les canons et les emmener. » Tout cela fut convenu. Le gouvernement passa la journée à Paris ; on préparait tout à Versailles pour y recevoir l'Assemblée. J'étais venu dans cette ville pour quelques heures, mais je revins immédiatement à Paris.

J'avais recommandé au général Vinoy de disposer ses mouvements avec la plus grande précision pour la sortie des casernes, afin que les troupes arrivassent de bonne heure au pied des hauteurs, et les attaquassent sans hésiter. En effet, le général Faron, homme très énergique, qui s'est admirablement conduit dans toutes les circonstances, était chargé d'exécuter nos ordres. A trois heures, les troupes étaient sur pied, sortaient des casernes, et, à cinq heures, elles arrivaient au pied des hauteurs, qui furent enlevées avec une extrême promptitude. Malheureusement, il restait une opération très difficile à exécuter, et qui ne fut pas aussi bien conduite que la première.

Un gouvernement qui se respecte doit partager les malheurs communs, et ne s'en prendre à personne lorsque le succès n'a pas toujours couronné ses efforts. Nous avons été malheureux dans la seconde opération qui consistait à emmener les canons. Je pourrais accuser celui-ci ou celui-là ; je ne le ferai pas, bien qu'on ait souvent moins d'égards pour moi. Je ne dirai pas à quoi a tenu la faute commise, si toutefois il y a eu faute.

Les positions furent donc occupées ; mais les mesures prises pour enlever les canons ne réussirent pas aussi bien que l'attaque. Je dois dire, car je veux être juste, que quand même on aurait pris les meilleures dispositions pour emmener les canons, traverser Paris avec 250 attelages, puisqu'il y avait 250 bouches à feu à traîner, était une opération des plus difficiles et des plus chanceuses.

Quand les troupes furent établies sur les hauteurs, la foule, composée d'hommes, de femmes et d'enfants, qui ne valaient pas beaucoup mieux que ceux qui les amenaient, la foule entoura les troupes, se jeta dans les rangs de l'artillerie, et bientôt ce fut un chaos sans pareil.

J'étais à l'état-major avec le général Vinoy, quand arriva un premier officier nous annonçant que tout allait bien. Mais, plus tard, d'autres officiers nous arrivèrent fort tristes, et nous sentîmes que la situation devenait embarrassante. C'est alors que je fus frappé d'un souvenir, le souvenir du 24 février. J'étais depuis fort longtemps fixé sur ce point que, si nous n'étions pas en force dans Paris, il ne fallait pas y rester.

Au 24 février, le roi m'avait demandé, lorsque les choses avaient pris une mauvaise tournure, ce qu'il y avait à faire. Je lui répondis qu'il fallait sortir de Paris, pour y rentrer avec le maréchal Bugeaud et cinquante mille hommes.

Le parti que je proposais au roi fut discuté, mais point accepté. On rappela que les Bourbons, que les Bonaparte eux-mêmes, étaient sortis de Paris et n'avaient jamais pu y rentrer ; et on en avait conclu qu'il ne fallait jamais en sortir.

Ce souvenir m'était resté dans la mémoire ; et, en outre, je me rappelais l'exemple du maréchal de Windischgraetz, qui, après être sorti de Vienne, y était rentré victorieusement quelque temps après. Je dis au général Vinoy : « Il est clair que nos troupes vont être submergées dans cette foule. Emmener les canons est impossible, les mouvements de l'armée étant aussi entravés qu'ils le sont. Tirons nos troupes du chaos où elles sont plongées, et faites-les revenir vers le ministère des affaires étrangères. » Le gouvernement était réuni en ce moment à l'hôtel de ce ministère. Beaucoup de personnes étaient accourues, et chacun donnait son avis. Je réunis mes collègues dans la salle du conseil, où nous pûmes délibérer seuls avec nous-mêmes. Là, je n'hésitai point, je me rappelais le 24 février, mon parti était pris ; je l'annonçai. Cette déclaration provoqua de graves objections. Le 24 février, je n'avais pas pu réussir ; mais ce jour-là, je triomphai des objections, grâce au bon sens et au courage de mes collègues.

Le général Vinoy me dit : « Je suis soldat commandez ! — Faites, lui dis-je, retirer vos troupes derrière la Seine, et occuper tous les ponts. On ne passera pas la Seine devant vous. »

Il était midi, nous étions là depuis cinq heures du matin ; le temps s'écoulait. Je réitérai au général Vinoy l'ordre de se replier avec ses troupes derrière la Seine.

On envoya de tous côtés des officiers d'état-major porter l'ordre, aussi bien aux troupes qu'à la garde nationale, d'avoir à se réunir sur la rive gauche de la Seine.

Si nous avions eu quelques milliers de gardes nationaux avec nous, nous les eussions tenus à nos côtés ou sur nos derrières, et nous aurions pu livrer bataille. Mais, comme le disait le général Vinoy, avec 20,000 hommes seulement, nous ne le pouvions pas. « Nous ne pouvons qu'une chose, ajoutait-il, c'est mourir jusqu'au dernier pour défendre le gouvernement contre les factieux qui veulent le renverser! »

Deux opérations simultanées furent entreprises. Le général Vinoy s'occupa de ramener ses troupes sur les bords de la Seine ; et, à l'état-major de la garde nationale, on commença à battre la générale et à chercher de tous côtés des gardes nationaux. Si les braves gens qui avaient passé quelques mois dans Paris assiégé par les Prussiens s'étaient trouvés là, si nous avions pu réunir 15 ou 20,000 gardes nationaux, nos troupes auraient pris la tête, et nous aurions pu livrer bataille avec chance de succès. Mais nous n'avions que 20,000 soldats, prêts, il est vrai, à faire leur devoir; mais si nous nous avancions sans avoir nos ailes et nos derrières couverts, nous pouvions être enveloppés.

La générale fut battue pendant plusieurs heures. Il nous arriva peut-être 5 ou 600 hommes. Les mauvais gardes nationaux étaient descendus des hauteurs de Paris; nous n'avions pas pu occuper tous les ponts, ils étaient venus dans les Champs-Élysées ; ils défilaient sous nos yeux, sur la rive gauche ; même nous en vîmes défiler près du ministère des affaires étrangères. Ils ne tiraient pas encore de coups de fusil, mais ils étaient très menaçants. On les laissa défiler.

Ce qui me préoccupait, c'était la retraite des troupes ; j'y attachais le salut de la France. Elles se replièrent en bon ordre, et ce fut alors seulement que je fus tiré d'une inquiétude mortelle, et que je pus me dire : Nous sommes sauvés ! J'avais vu arriver la division du général Faron faisant très bonne contenance. Il y eut bien quelques détachements qui, troublés, montrèrent de la faiblesse ; mais en général, les troupes se retirèrent en bon ordre.

Quand nous eûmes occupé les ponts sur la rive gauche de la Seine, nous trouvâmes un peu plus de repos. Des bandes de furieux avaient passé la gauche de la Seine ; ils voulaient aller au ministère des affaires étrangères, où se tenait le gouvernement ; on les refoula, et nous nous trouvâmes assez bien concentrés en avant des ponts.

Nous délibérâmes de nouveau. Il était tard ; je vis plus clairement encore que nous ne pouvions pas rester impunément dans Paris, et qu'il fallait en sortir. Après une discussion approfondie, je pris sur moi de décider la question, et je donnai l'ordre au général Vinoy de sortir de Paris avec ses troupes. Le gouvernement se dirigea alors sur Versailles. Quant à moi, je précédai le général Vinoy de quelques instants ; je vins me placer sur la route de Sèvres, par où l'armée devait passer. L'attitude des troupes était bonne. Cependant j'éprouvais quelque inquiétude pour le reste de l'armée. Enfin, par les aides de camp qui m'arrivaient à tout moment, je sus que les troupes n'avaient essuyé aucun échec sérieux. Je partis pour Versailles.

Versailles a toujours été un camp de plaisance, et l'on ne s'attendait pas à y voir arriver une armée. Aussi rien n'était prêt. Il fallut aller chercher des ressources dans tout le voisinage ; on y parvint et l'armée eut de quoi se refaire. Pour le soldat, l'essentiel est d'avoir des cartouches, des vivres et des généraux qui ne se troublent point.

Les événements que je viens de rappeler avaient eu lieu le 18 mars. Le lendemain, vers six heures du matin, j'aperçus la queue des colonnes qui arrivait, sans avoir essuyé aucun accident fâcheux. Il ne faut pas se plaindre de l'armée. Des détachements isolés avaient faibli ; mais la vigueur des généraux avait su maintenir le gros des soldats. Je vis donc les troupes arriver ; cela me rassura, car j'étais convaincu qu'une fois à Versailles on ne viendrait pas nous y chercher. J'avais du reste recommandé au général Vinoy de faire usage de la mitraille si on le serrait de trop près.

Quant aux insurgés qui étaient restés dans Paris, leur opinion fut qu'ils étaient désormais les maîtres, qu'ils n'avaient qu'à se présenter à Versailles, que l'armée lèverait la crosse en l'air et irait au-devant d'eux. Je n'avais pas d'inquiétude à cet égard. Je savais que, quand j'aurais réuni l'armée à Versailles, tout serait sauvé. Cependant ce n'était pas l'opinion de beaucoup de gens, qui disaient : « Si l'armée vient à être abordée sérieusement, que fera-t-elle ? » Il régnait donc une certaine crainte.

Je commençai par donner mes soins aux soldats ; je m'occupai de les faire placer dans de bonnes positions, de leur procurer tout ce dont ils avaient besoin, et surtout de les bien concentrer. Plusieurs personnes avaient émis l'avis qu'il fallait en laisser autour de Paris.

Nous étions trop peu nombreux pour occuper le périmètre d'une ville aussi grande. Si nous avions voulu nous étendre, embrasser un espace que les Prussiens n'embrassaient pas eux-mêmes, nous aurions été faibles partout ; on aurait pu percer notre ligne sur tous les points. En général quand les troupes faiblissent devant les masses populaires, il y a chez elles plus de faiblesse que d'infidélité. Des troupes qui n'ont pas le sentiment de leur supériorité sont prêtes à mettre la crosse en l'air, plutôt par timidité que par esprit de trahison. Il fallait donc tenir nos troupes ensemble, de manière que, quelque part qu'elles fussent abordées, elles eussent l'avantage. C'est pourquoi je voulus que leurs positions fussent resserrées. Et, de fait, avec les 130,000 hommes que nous avons eus plus tard, c'est à peine si nous aurions pu embrasser la moitié de Paris.

Les Prussiens avaient employé 300,000 hommes à envelopper le tout. Au moment dont je viens de parler, nous ne comptions que 22,000 hommes.

Je fis occuper le Mont-Valérien. On y envoya un excellent régiment. Il y avait là un immense matériel, et de plus une position dominante qui commande tous les environs. Quant aux autres forts, nous nous serions affaiblis si nous avions voulu les garder, car il nous aurait fallu au moins 8,000 hommes pour les occuper. Nous aurions perdu là sans profit une partie notable de nos forces. Je ne gardai donc que le Mont-Valérien, et je ramenai tout le reste. J'eus ainsi 22,000 hommes bien liés et bien commandés.

Nous passâmes à Versailles quinze jours sans rien faire. Ce sont les plus mauvais jours de ma vie. Il y avait cette opinion répandue dans Paris: « Versailles est finie ; dès que nous nous présenterons, les soldats lèveront la crosse en l'air. » J'étais bien certain que non ; et cependant, si nous avions été attaqués par 70 ou 80,000 hommes, je n'aurais pas voulu répondre de la solidité de l'armée, ébranlée surtout par le sentiment d'une trop grande infériorité numérique. Aussi, fis-je donner l'ordre de serrer l'armée, et notamment de l'isoler. Nos principales forces étaient campées à Satory, avec injonction de ne laisser aborder qui que ce fût. L'instruction était donnée de fusiller quiconque tenterait d'approcher. Du côté de Neuilly, je fis prescrire au Mont-Valérien, qui était entre les mains de braves gens, de tirer à outrance dès qu'il se présenterait des masses ennemies.

En même temps, je recommandai de la manière la plus formelle de traiter très bien nos soldats. J'augmentai la ration, surtout celle de la viande, reconnue insuffisante. J'étais sûr qu'en les nourrissant bien, qu'en les faisant camper, qu'en forçant les officiers à camper avec elles, les troupes se referaient bien vite, et arriveraient à avoir une très bonne attitude.

A la suite du premier siége, les soldats étaient débraillés, mal vêtus, leur aspect était fâcheux. J'étais certain que ce désordre passerait bientôt avec le campement, avec une surveillance active et bien soutenue. Mon espérance ne fut point trompée, car en quelques jours l'armée changea d'aspect, et tout le monde en fut frappé.

Ce n'était pas tout que de réconforter l'armée sauvée de Paris ; il fallait la porter à 120 ou 130,000 hommes, et surtout la munir d'un immense matériel de siége. Il y a une manière d'ordonner que j'ai employée souvent, et qui m'a toujours réussi, c'est de ne pas s'en fier à la correspondance et de commander directement et de vive voix. Chaque matin je réunissais tous les chefs de service autour de moi, j'arrêtais en présence de tous les chefs ce qu'il fallait faire, et chacun avait ainsi sa tâche bien tracée. Il fallait de la grosse artillerie : on disait sur-le-champ où elle était ; on s'occupait des transports, devenus très difficiles. S'il y avait une difficulté, on cherchait à la lever instantanément. Grâce à cette manière de procéder, j'ai pu, en réunissant tous les services, en ne recourant pas aux correspondances, qui prennent un temps infini en demandes et réponses, en exigeant que les ordres fussent transmis immédiatement, en m'assurant que tout le monde était d'accord, avait bien entendu, bien compris, exécuterait l'après-midi ce qui avait été convenu le matin, en m'assurant moi-même que les ordres s'accomplissaient, j'ai pu, dis-je, arriver au but, et créer en quelques semaines une armée de 130,000 hommes. Je recommençais le lendemain matin ce que j'avais fait la veille : je ne donnais jamais un ordre sans être certain de son exécution, et je suivais cette exécution jusqu'à ce que tout fût consommé.

C'est ainsi, messieurs, que des hommes m'arrivèrent de toutes parts, et que nous atteignîmes en peu de jours le chiffre de 50,000 hommes. Alors je fus, non pas rassuré sur la possibilité d'emporter Paris, mais sur le danger d'être assailli à Versailles par une masse de forcenés. « Qu'ils viennent, me dis-je alors, et ils seront bien accueillis ! »

L'opinion générale était qu'il ne fallait pas perdre de temps ; mais on comprenait aussi qu'il y aurait danger à faire une tentative prématurée, car si un malheur était arrivé sous les murs de Paris, il eût été impossible de compter sur rien.

L'Assemblée nationale crut qu'il fallait demander des volontaires ; tout le monde était de cet avis. Je reconnus bientôt que le pays était tellement abattu par les désastres de toute nature qui avaient fondu sur lui, qu'il ne fallait pas compter sur une ressource semblable. Les mobiles ne valaient pas grand'chose, ils étaient découragés ; une fois la paix signée, ils étaient rentrés chez eux. Il ne vint pas un seul bataillon de volontaires. Mais il restait les débris de nos armées ; je me hâtai de les réunir, de les réorganiser, et c'est avec ces débris que je composai l'armée qui est parvenue à arracher Paris à la révolte. Dès que je fus parvenu à réunir 50,000 hommes, je me dis que le moment était venu de donner une leçon aux insurgés. Ils étaient sortis du côté des forts du Sud, ils s'avançaient du côté de Châtillon, de Vanves. Je me préparai à les bien recevoir. Ils se montrèrent plus téméraires du côté de Neuilly et de Courbevoie. On dit même qu'ils se préparaient à une attaque sérieuse. Je n'en étais pas effrayé. Je voulais leur prouver que nous n'avions pas peur ; je voulais surtout bien engager l'armée. Les officiers placés au Mont-Valérien, et munis des instruments qui leur permettaient de bien voir les mouvements des insurgés, nous rendirent d'immenses services.

Le maréchal Mac-Mahon n'était pas encore à la tête de l'armée. D'après les observations du Mont-Valérien, le mouvement se dessinait évidemment vers le pont de Courbevoie. Je fis diriger de ce côté une grande partie de l'armée. Je dis au général Vinoy : « On nous attaque faiblement du côté de Meudon, de Châtillon, des forts du Sud ; il faut être en grande force du côté de Courbevoie, où le mouvement de l'ennemi est plus prononcé. » Les troupes vinrent, en effet, se placer sur les coteaux qui sont au pied du Mont-Valérien, et qui dominent les plaines de Saint-Germain et de Saint-Denis. On fondit sur eux à outrance, on en sabra un bon nombre. Flourens fut tué ce jour-là. Chacun avait pris confiance ; il y eut un entrain extraordinaire. Nous n'avions pas mis en ligne 50,000 hommes, mais seulement 30,000 ; les autres étaient restés à Versailles et vers les forts du Sud.

Une tentative était possible sur le pont de Sèvres : quelques mille hommes le couvrirent, refoulèrent les insurgés qui étaient là, et les rejetèrent de l'autre côté du pont.

J'étais renseigné, je savais qu'on disait que nous ne prendrions jamais Paris ; mais en même temps on avouait que les gens que nous combattions ne prendraient jamais Versailles ; de sorte qu'il y avait deux corps ennemis en présence, qui étaient pour ainsi dire impénétrables l'un pour l'autre.

Cependant, peu à peu la situation s'améliorait visiblement. Je veillai aux vêtements, car je savais que le soldat bien vêtu se comporte mieux. Je passai mes journées dans les bivouacs, je m'occupai de tout ; les soldats étaient contents. L'armée avait un aspect excellent.

Pourtant je m'abstenais encore d'agir contre Paris malgré beaucoup de plaintes qui retentissaient de toutes parts. On me disait : « Il faut en finir ! » Je répondais : « Je ne ferai une tentative sur une place aussi forte que Paris que lorsque j'aurai tous les moyens nécessaires pour réussir. »

On me disait aussi, et il y avait du vrai dans cette objection : « Mais pendant que vous vous organisez, les insurgés s'organisent aussi. » — Je répondais : « Oui, mais ils se rendent odieux à la population par les moyens qu'ils emploient,tandis que nous, en nous préparant, nous répondons aux vœux du pays, nous gagnons plus qu'ils ne gagnent, ils finiront par des actes qui soulèveront l'indignation générale. Dans tous les cas, la place de Paris est tellement formidable qu'il ne serait pas raisonnable de l'attaquer avec 50,000 hommes. » J'étais convaincu que c'était par la puissance des feux que nous triompherions, et nous étions loin d'avoir une artillerie suffisante.

L'Assemblée a bien voulu me laisser faire. Je dis à la commission des Quinze mes raisons d'attendre et de temporiser jusqu'à ce que le moment fût propice, et elle finit par m'approuver.

Alors, il faut le rappeler, les Prussiens étaient de très mauvaise humeur. Il n'est pas vrai, comme on l'a prétendu, que j'eusse beaucoup de difficultés avec le gouvernement prussien à propos de la Commune, et qu'il eût pour elle la moindre prédilection. Il y eut seulement quelques dépêches désagréables échangées à ce sujet avec M. de Bismarck.

La Commune, qui joignait à la prétention d'un patriotisme implacable celle d'être en faveur auprès de la Prusse, avait répandu le bruit de ses relations amicales avec les généraux prussiens. Des écrivains imprudents en avaient tiré des suppositions offensantes pour le cabinet de Berlin, et tout à fait calomnieuses. M. de Bismarck, avec beaucoup de raison, démentait ces bruits, se plaignait de ce que nous ne les démentions pas nous-mêmes, en quoi il avait tort, et offrait publiquement ses secours contre la Commune, secours qu'évidemment nous ne pouvions point accepter. Il nous pressait lui-même d'en finir, et à cet égard joignait ses impatiences à celles d'un certain nombre de députés qui auraient voulu substituer leurs idées aux nôtres, sans connaître la situation et ses difficultés.

Cependant, malgré ces démêlés, malgré le traité qui limitait à 40,000 hommes l'armée de Paris, M. de

Bismarck consentit à une augmentation qui fut d'abord de 100,000 hommes, puis de 130,000. Il nous en fournit lui-même les moyens, en nous renvoyant un nombre assez considérable de nos prisonniers, dont il avait suspendu le retour par suite des contestations survenues.

Les troupes que nous avions étaient très jeunes, elles n'avaient pas beaucoup vu le feu. Il y avait près de la frontière beaucoup de nos soldats faits prisonniers à Metz; ceux-là avaient pu voir 47,000 hommes abattus en un seul jour à Gravelotte. Je demandai qu'on me les rendît le plus tôt possible. M. de Bismarck y consentit. Le général Ducrot à Cherbourg, le général Clinchant à Douai, reçurent les prisonniers et s'occupèrent de les réorganiser. Je ne saurais dire exactement le nombre des soldats qui nous furent ainsi rendus; les papiers de l'administration de la guerre étaient les uns à Paris, les autres à Bordeaux, quelques-uns avaient été perdus. Les prisonniers arrivèrent au nombre de 50 à 60,000 hommes, mais la moitié était libérable; il fallait leur donner leur congé, car ils eussent été des mécontents et non des combattants dévoués comme il nous en fallait. Beaucoup étaient fatigués. Tous les soins furent donnés à leur rétablissement. Nous avons pu avoir ainsi la moitié de ces prisonniers à verser dans l'armée. Les dépôts s'étaient aussi remplis de recrues que la loi nous autorisait à y appeler. C'est ainsi que nous parvînmes à créer une armée de 130,000 hommes bien organisés, et pouvant être mis en ligne. Nous avons eu jusqu'à 170,000 rationnaires. Mais, dans une armée, tout ce qui mange ne combat pas. Il y avait le train, les malades, les blessés. Ces derniers étaient peu nombreux.

Après la tentative manquée du côté de Courbevoie, les insurgés nous attaquèrent du côté de Châtillon. Le général de Cissey enleva cette redoute avec la plus grande vigueur. Nous eûmes alors deux routes ouvertes, Châtillon et Courbevoie.

Je ne m'étais pas borné à compléter l'armée, j'avais appelé à sa tête les chefs les plus renommés, et notamment l'illustre maréchal de Mac-Mahon, digne et constant objet du respect universel. Sa présence avait donné à l'armée une nouvelle consistance et une direction excellente. Tout étant prêt, le moment d'agir était venu. Mais comment attaquer Paris? On disait : « Il faut employer les moyens réguliers, ouvrir la tranchée, cheminer, pour battre en brèche quand on sera au bord du fossé. » Les règles de Vauban subsistent en effet tout entières, sauf très peu de modifications. Leur application aux ouvrages immenses de Paris offrait de graves difficultés. On estimait à trente jours au moins le temps nécessaire pour être au pied des murailles, et pouvoir établir les batteries de brèche. Les impatients, et ils étaient nombreux, disaient : « Trente jours ! » M. de Bismarck pensait que nous aurions du bonheur si nous arrivions à ce résultat en 30 jours. Dans l'Assemblée, on disait : « Que fait-on ? pourquoi employer les moyens ordinaires, les tranchées, les cheminements ? comment se condamner à 30 jours de travaux ? Pourquoi pas une attaque à force ouverte ? » A cela les généraux répondaient : « Comment escalader de telles murailles, monter à l'assaut avec des escarpes de dix à douze mètres ? »

Une idée me préoccupait depuis longtemps, pour le sort des ouvrages de Paris, et m'avait fort inquiété pendant le premier siége, celui que dirigeaient les Prussiens.

Comme membre du conseil de défense, où j'étais entré malgré moi un peu avant le 4 septembre, j'avais eu occasion, quelques jours avant Sedan, de visiter les forts qui entourent Paris, et je m'étais dit que si l'ennemi dirigeait sur un de ces forts une masse considérable de feux, l'ouvrage ainsi attaqué pourrait se trouver en grand péril. J'étais persuadé que par la puissance des feux on pourrait amener des résultats imprévus et décisifs. Les généraux étaient à cet égard d'opinion très différente. Quelques-uns prouvaient qu'en accumulant sur un seul point une masse de feux considérable, on pourrait produire des effets très prompts et très grands. D'autres prouvaient que le plus sûr était de suivre les règles, d'ouvrir la tranchée, de cheminer jusqu'au bord du fossé.

et là de battre en brèche, et de donner de suite l'assaut, promettant d'emporter la brèche, quelle que fût l'énergie de la défense.

Après avoir écouté avec la déférence qui leur était due les hommes consommés qui m'entouraient, je pris le parti d'employer les deux moyens à la fois : d'ouvrir la tranchée en s'avançant par les procédés ordinaires jusqu'au bord du fossé, mais en même temps de réunir une masse de feux extraordinaire, convaincu que, sous la protection de ces feux, le travail des tranchées serait plus rapide, et que peut-être en rendant le rempart inhabitable pour ses défenseurs, on ferait évacuer les ouvrages. Cet avis fut unanimement adopté et suivi.

On tomba ainsi d'accord qu'on réunirait une masse d'artillerie très grande, et qu'on s'en servirait au moins pour hâter et rendre moins périlleux le travail des tranchées. On pensa qu'on pourrait ainsi arriver en 15 ou 20 jours à forcer les portes de Paris.

Réunir ces moyens d'action était une affaire d'administration ; je m'en chargeai. Les transports commerciaux sur les chemins de fer furent suspendus, et on amena ici des masses prodigieuses de pièces de canon. L'administration des chemins de fer et la marine nous ont rendu, en cette occasion, des services signalés. Le résultat a été vraiment extraordinaire.

Dans le conseil de défense, lors du premier siége, on trouvait que 250 coups par pièce étaient un approvisionnement suffisant. 500 coups semblaient une exagération, et 750 une folie. J'en vins à réunir des approvisionnements de 1,000 coups par pièce. On disait : « Les pièces ne résisteront pas ! — Nous aurons des approvisionnements de canons, » répondais-je. Bref, après des efforts prodigieux et des peines infinies, nous fûmes approvisionnés dans les proportions que je viens d'indiquer.

Nous fîmes un essai sur un point. Le fort d'Issy nous incommodait. Le général d'artillerie de Berckheim, homme du plus grand mérite, placé sous les ordres du général de Cissey, dirigea sur le fort d'Issy les feux d'une artillerie considérable. Le fort fut réduit au silence, et rendu presque inhabitable pour ses défenseurs. Cependant, soutenu par le fort de Vanves et des troupes fraîches y étant entrées, il essaya de recommencer la lutte ; mais il fut écrasé par notre artillerie ; et, un jour, à l'abri de nos feux terribles, les cheminements étant devenus plus faciles, nos travailleurs, approchant des fossés, s'aperçurent que le fort était évacué. Le fort de Vanves fut conquis de même.

Quand Issy et Vanves eurent été pris de la sorte, les idées se fixèrent. Il devint clair qu'en élevant contre le Point-du-Jour une batterie formidable, on atteindrait les mêmes effets, surtout les feux d'Issy et de Vanves, feux de flanc fort incommodes, étant définitivement éteints.

Je fis élever à Montretout, en huit jours, une batterie comme on en a rarement employé à la guerre. Sous la protection de cette batterie, le général Douai était entré dans le bois de Boulogne ; le travail des tranchées était devenu plus facile, on cheminait très rapidement vers Paris ; nous étions près de la place. L'artillerie de Montretout avait brisé, pilé le Point-du-Jour.

Nous espérions que l'escarpe allait être en assez mauvais état pour nous permettre de donner l'assaut, lorsque, le dimanche 21 mai, le général Douai, et quelques soldats de tranchée, apercurent un homme agitant un mouchoir blanc : c'était Ducatel. On ne se doutait pas de l'effet qu'avait produit cette artillerie de Montretout, on ne croyait pas la brèche si praticable. La porte et le pont-levis s'étaient abattus et formaient une espèce de pont naturel. Ducatel, au milieu de graves dangers, était venu en aide à nos troupes en appelant nos soldats, en leur apprenant qu'ils pouvaient entrer.

Le maréchal de Mac-Mahon et moi nous étions au Mont-Valérien, lorsqu'une estafette vint nous apprendre que le général Douai entrait dans Paris. Le général de Cissey, placé sur la rive gauche en avant d'Issy, avait, de son côté, ouvert une brèche qui allait bientôt devenir praticable. Au milieu de notre satisfaction, nous fûmes, au Mont-Valérien, très agités, parce que nous crûmes voir des troupes sortant de Paris, et nous craignîmes que notre armée n'eût été repoussée au Point-du-Jour. Mais le contre-amiral Krantz, qui a rendu de grands services, nous dit, après avoir bien examiné à la lunette : « Ce ne sont pas des gens qui fuient ; au contraire, ils sortent bien tranquillement. » En effet, bientôt après, nous en vîmes d'autres qui rentraient au lieu de sortir. Nous fûmes alors rassurés. C'étaient d'épaisses colonnes, de loin paraissant toutes noires, qui serpentaient dans les plis du terrain, et qui se dirigeaient sur l'enceinte pour y pénétrer. Les insurgés ne purent pas résister ; ils se réfugièrent dans les maisons voisines, d'où ils dirigèrent sur nos troupes un feu meurtrier. Mais, dans leur fuite, ils avaient laissé deux bouches à feu ; nos soldats n'ayant pu faire passer de l'artillerie, songèrent à aller chercher à bras des obus ; ils les transportèrent de la sorte et chargèrent ces deux pièces, qui furent pointées sur les maisons occupées par les insurgés. C'étaient les allées et venues de ces soldats, qui nous avaient d'abord inquiétés à notre observatoire du Mont-Valérien.

Le général Douai entra à la tête de ses troupes par une seule porte, celle qui venait de s'ouvrir, vers la gauche. Une autre ne fut ouverte que le lendemain matin. Il fallut dix-sept heures pour faire entrer 130,000 hommes et notre nombreuse artillerie.

On disait que tout Paris était miné. Le général Douai, à la tête de ses colonnes, s'avança intrépidement jusqu'au Trocadéro, au risque de sauter en l'air. Nous étions fort inquiets ; heureusement, rien ne sauta. Nous nous rassurâmes ; mais nous nous attendions à avoir des combats terribles, désespérés. Le triomphe de nos troupes fut dû à leur vaillance, à la vigueur de nos généraux, et surtout à la constance, à l'habileté avec laquelle l'illustre maréchal Mac-Mahon dirigea pendant huit jours la conquête de chaque quartier, l'un après l'autre.

Rentré à Versailles, après avoir assisté à l'entrée de nos troupes dans la nuit du dimanche au lundi, je songeai que nous avions accumulé plus de 200 bouches à feu au pont de Neuilly, qui était gardé par une brigade de la division Montaudon. Le général Ladmirault avait fait dire au maréchal Mac-Mahon qu'il avait besoin de cette brigade ; elle lui fut envoyée, et il ne restait plus de troupes au pont de Neuilly pour garder l'immense matériel qui s'y trouvait. Je fus inquiet à la pensée que si les révoltés s'échappaient de Paris, ils pouvaient s'emparer de cette artillerie et se jeter peut-être en désespérés sur Versailles pour y mettre le feu; et, à ce moment, nous n'avions que des gendarmes, des sergents de ville, c'est-à-dire deux ou trois mille hommes tout au plus. Heureusement, il venait de nous arriver 1,500 prisonniers, rendus par les Prussiens. On leur donna des fusils et, sous les ordres du général Fournez, ils allèrent garder le pont de Neuilly. Le général Ladmirault put alors se servir de la seconde brigade Montaudon, s'empara des hauteurs de Belleville, et termina ainsi la lutte. Il y eut de grandes douleurs, de grands sacrifices ; le massacre des otages fut un des crimes les plus navrants de ces terribles scènes. On nous avait proposé l'échange de plusieurs des otages contre le conspirateur Blanqui. Nous ne pouvions pas consentir à un tel échange ; ces malheureuses victimes tombèrent sous les coups des assassins. Enfin, nous sortîmes de cette horrible situation.

Voilà, messieurs, tout ce que je puis vous dire et j'ose affirmer que c'est la vérité même.

Et maintenant, je résume ce récit.

Paris avait été abandonné par les gens d'ordre ; il n'y restait que les mauvais bataillons, qui faisaient un service de garde nationale, et ces bataillons se composaient pour la plupart d'hommes qui croyaient que nous voulions détruire la république. Quand il leur avait été démontré que nous ne voulions rien de semblable, leur effectif avait un peu diminué, mais en restant encore très considérable. De toutes les grandes villes de France, des députés m'avaient été envoyés. Je les ai rassurés sur le sort de la république. Lyon, Toulouse, Bordeaux, Nantes, Lille, toutes ces villes s'étaient alors tenues tranquilles.

C'est donc par le canon et par la politique que nous avions pris Paris. L'origine du mouvement est facile du reste à discerner. Il y avait dans Paris

200,000 hommes qui s'étaient nourris de ce sentiment que c'était lâcheté et trahison que de traiter avec les Prussiens. Les uns le pensaient, les autres se servaient de ce prétexte pour amener une révolution sociale. Ils avaient des moyens immenses que jamais aucune rébellion n'a possédés : 400,000 fusils, 3,000 bouches à feu, et les immenses ouvrages de Paris. Il s'était formé de plus un gouvernement occulte, qui, profitant de l'émotion causée par l'apparition des Prussiens dans Paris, avait donné le signal du soulèvement en s'emparant de l'artillerie de campagne laissée dans le parc de Monceaux.

Pendant ce temps, nous étions à Bordeaux, et nous avions aux yeux des Parisiens l'air d'un gouvernement étranger. Ce sont toutes ces circonstances réunies qui avaient amené l'insurrection, insurrection extraordinaire, sans égale, dont nous avons triomphé par les moyens que je viens de vous exposer.

Maintenant nous avons la force matérielle. Quand on a la force matérielle, il faut suivre une politique de modération, je ne veux pas dire de faiblesse, Dieu m'en garde ! mais quand on est fort, il est permis d'être modéré ; et on ne recueille même les fruits de sa modération qu'autant qu'on s'appuie sur une force incontestable et incontestée.

On s'est beaucoup plaint de ce que la procédure des conseils de guerre au sujet des affaires de Paris avait été volontairement retardée. C'est une erreur.

On ne se figure pas combien ces procédures comportent de lenteurs inévitables.

Nous avons fait environ trente à trente-six mille prisonniers, sans compter les morts et les blessés. Eh bien, on ne pouvait pas faire de procès à trente-six mille accusés. Il fallait choisir les principaux coupables, et il n'y a pas un de ces hommes qui n'ait exigé l'audition de quelques centaines de témoins. Il a fallu que les officiers des conseils de guerre remplissent le rôle de juges d'instruction. Pour les aider, nous avons été obligés d'appeler des magistrats civils, et de doubler ainsi le nombre des magistrats militaires par un nombre égal de magistrats civils. Il y a certainement quelques centaines de personnes employées à ces procédures.

Songez de plus que, depuis notre entrée dans Paris jusqu'à l'ouverture des conseils de guerre, il ne s'est pas écoulé plus de deux mois. Il y a, messieurs, parmi vous des magistrats. Est-ce que la procédure pour un vol de mouchoir, pour le moindre délit ne prend pas quelquefois plus de deux mois ? Eh bien, pour une procédure qui comprend plus d'une centaine d'accusés principaux, et pour lesquels il a fallu entendre mille ou deux mille témoins, il fallait nécessairement un temps considérable.

J'entre dans ces détails, parce qu'on s'est servi de cette lenteur de justice pour en conclure que le gouvernement mettait de la faiblesse à défendre l'ordre.

J'ose dire qu'un gouvernement qui a livré devant Paris cette terrible bataille de deux mois, dont je vous ai fait le récit, n'est pas un gouvernement porté à la faiblesse. Aucun gouvernement n'a été plus énergique. Mais enfin, je suis partisan de la politique modérée. Je ne veux pas dire par là que, dès qu'il y a le moindre trouble, il ne faille pas le réprimer sur-le-champ et d'une façon énergique ; mais je dis qu'il ne faut pas prendre pour des ennemis ou des conspirateurs tous ceux qui n'ont pas tout à fait nos opinions.

Il faut bien se dire que beaucoup de gens qu'on prend pour des ennemis ne le sont pas. C'est ainsi que, quand des hommes de divers partis s'abordent à la Chambre, ils s'aperçoivent bien vite que ceux qu'ils considéraient de loin comme très hostiles ne le sont pas, que ce sont tout simplement des gens qui pensent autrement. Je crois qu'il faut apporter cette philosophie dans le gouvernement. En étant calmes, patients, équitables les uns pour les autres, nous avancerons beaucoup plus sûrement l'apaisement des esprits qu'en prodiguant les mesures de rigueur.

En même temps, il y a un autre travail qui doit se faire, et se fera, je veux parler de l'évacuation du territoire, laquelle, j'en conviens, est très laborieuse et très difficile. Nous ne l'obtiendrons qu'en ayant une bonne attitude, c'est-à-dire l'attitude d'un gouvernement paisible qui sent sa force, et ne veut pas en faire parade inutilement. De plus, il faut de l'argent, et pour avoir de l'argent, il faut du crédit, et pour avoir du crédit il faut du calme dans les esprits. Si notre crédit, par suite d'une politique agitée, reçoit la plus légère atteinte, l'escompte en devient plus difficile, et ce que nous ferions autrement en huit jours, il nous faut quinze jours pour l'accomplir. J'espère donc que nous réussirons si l'Assemblée veut bien avoir confiance dans notre manière de voir et s'y prêter. J'aborde, vous le voyez, la politique actuelle, parce que M. le président nous dit que le rapport aura pour but de faire connaître l'état du pays. Eh bien, moi, j'ai confiance ; je crois que la situation reste grave, mais que, si nous sommes prudents, si nous sommes patients, nous arriverons au terme de nos douleurs, et nous reviendrons à une situation meilleure. Notre territoire sera délivré ; notre crédit, qui est déjà presque rétabli, achèvera de se refaire complétement ; tout se réorganisera ; et alors, quand nous nous reverrons l'année prochaine ici, vous trouverez que la situation a fait de grands progrès.

Voilà ce que j'avais à vous dire, et je vous ai parlé avec beaucoup de sincérité. Maintenant si vous avez d'autres questions à m'adresser, j'y répondrai avec empressement.

M. LE PRÉSIDENT. — Nous avons déjà abusé de votre temps.

M. le Chef du Pouvoir exécutif. — Non, monsieur le président, mon temps vous appartient...

M. le président. — Ni les uns ni les autres n'avons ici le droit de discuter les opinions que vous avez émises devant nous ; je ne crois pas que personne ait de nouvelles questions à adresser à M. le Chef du Pouvoir exécutif sur les faits qu'il a expliqués. Je me permettrai seulement de lui dire que, sous le nom de l'Internationale, se cachent toutes les sectes révolutionnaires. Ce nom est un drapeau. Les hébertistes, les blanquistes, les jacobins, tous les partis sont maintenant unis à l'Internationale. Vous devez savoir mieux que personne combien cette société, depuis le siége de Paris, a reçu d'adhésions. Il y en a, dit-on, huit cent mille ; ce qui ne veut pas dire que le parti révolutionnaire compte huit cent mille hommes de plus ; cela veut probablement dire que toutes les sectes se sont réunies sous un nom commun. Ainsi, l'Internationale est aujourd'hui le drapeau adopté ; il en faut un à tous les partis, dans tous les temps. Nous sommes en réalité toujours en présence de cette même faction qui veut renverser le gouvernement quel qu'il soit. La seule différence qu'il y ait entre le présent et le passé, c'est que les partis autrefois divisés n'en font plus qu'un seul aujourd'hui.

M. le Chef du Pouvoir exécutif. — Ils n'en ont jamais fait qu'un seul en réalité ; mais je crois que nous devons nous défier du chiffre que vous nous donnez. Personne ne peut connaître la vérité à cet égard, personne.

M. LE PRÉSIDENT. — Cependant à Genève, dans une des dernières réunions de la Société internationale, le président n'a-t-il pas déclaré qu'en France, depuis la chute de la Commune, huit cent mille adhésions étaient venues à l'Internationale ?

M. FLOTTARD. — Monsieur le président, le chiffre qui nous a été donné n'est pas, je crois, de huit cent mille, mais de deux cent mille seulement.

M. LE CHEF DU POUVOIR EXÉCUTIF. — Il faut se rendre un compte exact de cette situation. L'Internationale n'a pas cette unité que vous lui supposez. Dans les autres États de l'Europe, les associés de l'Internationale blâment les Français de faire toujours de la politique ; ils reprochent aux internationaux de Paris de s'en être beaucoup trop mêlés. C'est sans doute une grande hypocrisie ; car au fond, c'est faire de la politique et de la mauvaise politique que de vouloir changer violemment le prix naturel de la main-d'œuvre. Personne, à coup sûr, ne fait plus de vœux que moi pour que le sort du peuple s'améliore. On souffre en effet de voir autour de soi des ouvriers malheureux et qui se plaignent justement de leur misère ; mais nous savons très bien qu'en faisant monter le prix de la main-d'œuvre artificiellement, on n'aboutit à rien. Tout au plus arrive-t-on ainsi à violenter quelques entrepreneurs. Il peut même se faire qu'on les force à augmenter de cinquante centimes, d'un franc même, le prix de la journée. Mais qu'en résulte-t-il ? C'est que les produits augmentent de valeur. Les entrepreneurs qui ont subi cette augmentation de salaire ne peuvent plus soutenir la concurrence nationale ou la concurrence étrangère ; les acheteurs s'enfuient et les ouvriers se trouvent ruinés par la ruine des patrons. Certes, il n'y a pas besoin de longues réflexions pour comprendre tout cela. Cependant la plupart des ouvriers ne le comprennent pas. Ceux qui les poussent et s'en font des instruments le comprennent très bien, mais ils trouvent là un moyen d'augmenter le nombre de leurs adhérents, et ils en usent. C'est ainsi que se grossit le parti socialiste. Ces gens-là savent très bien que s'ils voulaient aller prendre aux paysans le coin de terre que ceux-ci labourent, ils trouveraient derrière chaque champ un fusil chargé. Ce n'est pas par cette voie qu'ils veulent introduire le socialisme. Le socialisme peut s'introduire de deux manières : par l'Internationale, qui falsifie le prix de la main-d'œuvre, et par l'impôt mal conçu, mal établi. L'impôt peut être un moyen d'introduire le socialisme en France. On peut, par certains impôts, l'impôt sur le revenu par exemple, arriver au socialisme, c'est-à-dire prendre la fortune de ceux qui ont quelque chose, et la prendre injustement. Il y a donc là, à l'heure qu'il est, une issue par laquelle le socialisme peut s'introduire. Mais ce qui préoccupe le plus les associés de l'Internationale, c'est de faire monter artificiellement le prix de la main-d'œuvre. Tous les gens malintentionnés trouvent que ce cadre est bien choisi et qu'il faut s'y renfermer.

Maintenant, que les adhésions à l'Internationale aient été aussi nombreuses qu'on le dit, je suis loin de le croire. Je suis sûr que les membres de l'association se vantent beaucoup, et qu'ils sont loin d'avoir tous les adhérents qu'ils s'attribuent. Il n'en faut pas moins les observer avec soin, et se tenir prêt à les réprimer partout où ils voudraient agir. Mais je persiste à penser qu'en étant sur ses gardes et toujours prêt à résister, il faut dans la conduite générale du gouvernement une modération constante, laquelle n'exclut ni une vigilance assidue ni une invincible fermeté.

M. le Président. — Nous accueillons avec beaucoup de satisfaction la déclaration que nous fait M. le Chef du Pouvoir exécutif. Le gouvernement est complétement sûr du maintien de l'ordre matériel sur toute la surface de la France. C'est beaucoup, mais ce n'est pas tout.

FIN

Imprimerie de Destenay, Saint-Amand (Cher).

www.ingramcontent.com/pod-product-compliance
Ingram Content Group UK Ltd.
Pitfield, Milton Keynes, MK11 3LW, UK
UKHW031847260826
14628UKWH00002B/638

9 782019 653002